Johann Gottfried Wetzstein

Ausgewählte griechische und lateinische Inschriften

gesammelt auf Reisen in den Trachonen und um das Haurangebirge

Johann Gottfried Wetzstein

Ausgewählte griechische und lateinische Inschriften
gesammelt auf Reisen in den Trachonen und um das Haurangebirge

ISBN/EAN: 9783744639101

Hergestellt in Europa, USA, Kanada, Australien, Japan

Cover: Foto ©ninafisch / pixelio.de

Weitere Bücher finden Sie auf **www.hansebooks.com**

AUSGEWÄHLTE GRIECHISCHE UND LATEINISCHE

INSCHRIFTEN,

GESAMMELT AUF REISEN

IN DEN TRACHONEN UND UM DAS HAURÁNGEBIRGE

VON

JOH. GOTTFR. WETZSTEIN.

AUS DEN ABHANDLUNGEN DER KÖNIGL. AKADEMIE DER WISSENSCHAFTEN
ZU BERLIN 1863.

MIT EINER KARTE.

BERLIN.
GEDRUCKT IN DER DRUCKEREI DER KÖNIGLICHEN AKADEMIE
DER WISSENSCHAFTEN.
1864.

IN COMMISSION BEI F. DÜMMLER'S VERLAGS-BUCHHANDLUNG
HARRWITZ UND GOSSMANN.

Vorgelegt von Hrn. Kirchhoff in der Akademie der Wissenschaften am 13. April 1863. Die Seitenzahl bezeichnet die laufende Pagina des Jahrgangs 1863 in den Abhandlungen der philosophisch-historischen Klasse der Königl. Akademie der Wissenschaften.

Vorbemerkungen.

1. **Zeitrechnung.** Aufser der Rechnung nach den Regierungsjahren der jedesmaligen Kaiser (C. I. G. 4595. 4608. 4617 (¹), unserer Sammlung 21. 34. 107. 109. 114. 116. 123. 200. 201) oder Territorialherren (Agrippa II. n. 179) kommen innerhalb des Bereiches der mitzutheilenden Inschriften Datirungen nach der Seleukidenaera, der Provincialaera von Syrien und Arabien, der Aera einzelner Städte, auf Inschriften der späteren christlichen Zeit endlich, wie es scheint, auch nach einer besonderen kirchlichen Aera vor.

a. Diejenigen Inschriften, welche der nächsten Umgebung von Damaskus und somit noch der Provinz Syrien angehören, rechnen, wie diese Stadt selbst auf ihren Münzen, nach der Seleukidenaera, deren Epoche das Jahr 312 vor Chr. ist. So gleicht die christliche Inschrift von *Sûk Wâdi Baradâ* C. I. G. 8641 den Daesios des Jahres 875 mit der 12. Indiction, was allein nach jener Aera berechnet und zwar auf den Juni des Jahres 564 n. Chr. zutrifft. Derselben Aera bedienen sich ohne Zweifel die Inschriften C. I. G. 4515, von *Dêr Kânún* 4520 (wo zu Anfang offenbar zu lesen [ἰτα]ος ἠου), von *Domêr* 4516 (welche Inschrift die Kaiser nennt und damit den Character der Datirung aufser Zweifel stellt) 4518. 4519. Dasselbe gilt von denen von *Sekkâ* n. 167. 168 und *el-Higdne* n. 169. 170. 171, wie zum Theil schon die Höhe der Jahreszahlen, die sie angeben, lehren kann.

(¹) Auch 4612, wovon eine bessere Abschrift gegen Ende von Z. 5 deutlich ΕΤΟΥϹΗ ϙ bietet, womit allein das Kaiserjahr gemeint sein kann.

A 2

b. Auch südwärts von diesen Gegenden scheint diese Aera in früheren Zeiten Geltung gehabt zu haben, wovon die autonomen Münzen von *Kanawât* Spuren zeigen (Eckhel 3, 317). Seit der Organisation der Provinz Syrien durch Pompejus im Jahre 64 vor Chr. datirten manche Städte dieser Gegend von diesem Epochenjahre an, so *Kanawât* bis in die Zeiten Domitians (Eckhel a. a. O.). Die Inschriften bieten keine sichere Spur dieser Zählungsweise, was sich aus dem Umstande erklärt, dafs die überwiegende Mehrzahl derselben den Zeiten nach Trajan angehört, durch den dieser Strich zur neu eingerichteten Provinz Arabien scheint geschlagen worden zu sein. Wenn, wie zu vermuthen steht, die Zeichen ΤΙΥ zu Anfang der Inschrift von *Kanawât*, welche unter n. 190 mitgetheilt wird, das Jahr bedeuten sollten, so kann dasselbe schwerlich vom Epochenjahre der unten zu besprechenden Provincialaera von Arabien an gerechnet sein, da eine Widmung an den Ζεὺς μέγιστος aus dem Jahre 418 unserer Zeitrechnung in diesen Gegenden nicht glaublich erscheint. Wollten wir von 64 v. Chr. an rechnen, so würden wir auf 294 n. Chr. kommen, zu welcher Zeit diese Datirungsweise schwerlich mehr in Geltung war. Es scheint daher das Gerathenste, die Seleukidenaera vorauszusetzen und damit die Inschrift um den Anfang unserer Zeitrechnung unter Augustus zu setzen, wogegen der Gebrauch der Formen C und Ѡ nicht unbedingt geltend gemacht werden kann, da er im Oriente früher, als im Westen beginnt.

c. Dagegen rechnen einige Städte dieses Striches in theils sicher, theils vermuthlich nachtrajanischer Zeit nach besonderen Stadtaeren, deren Epochenjahr sich einer genauen Bestimmung entzieht. Zunächst *es-Sanamên* (Aere). Denn die Inschrift C. I. G. 4554 fällt sicher unter die Regierung des Commodus, dessen Name getilgt ist (vgl. 4548 zu n. 164 dieser Sammlung), und zwar, da der Kaiser den Namen F e l i x führt, in die Jahre 185-192. Das Jahr 16, von welchem die Inschrift datirt ist, kann folglich nicht das Regierungsjahr des Commodus sein, der es nicht auf 12 Jahre brachte, sondern ist von einem besonderen Epochenjahre gerechnet, welches zwischen den Jahren 169 und 176 liegt und unter die Regierung M. Aurels fällt. So rechnet auch *Brâk* nach Jahren der Stadt, C. I. G. 4540 ἔτους ι̅ τῆς πόλεως, wovon das Datum von 4541, ἔτους ῑ, nicht weit abliegt. Über das Epochenjahr ist nicht einmal eine Vermutbung möglich. Ebenso endlich *Schakkâ*: C. I. G. 4598 (130*a*) ἔτους τῆς πόλ(εως) σα und 8616, deren Datum nach einer besseren Abschrift folgendermafsen lautet: ἐν μηνὶ Ἀπρλίου ἰνδ. σ̄ ἔτους τῆς πόλ(εως) τι +. Eine dritte Inschrift (C. I .G. 8609) nennt einfach das Jahr ohne den Zusatz τῆς πόλεως, was indessen zur Annahme des Gebrauches einer anderen Aera nicht berechtigt. Das Datum lautet nach der bisherigen Überlieferung ..... ΕΤΟΥCCΞΓ, nach einer genaueren Abschrift ΕΝΙΝΔ||ΙΡΟΙΒΕΤΟVLJ///ΞΓ, also ἐν ἰνδι(x) . σ̄ ἔτους [σ]ξʹγ. Die letzteren beiden Inschriften gehören der christlichen Zeit und, da sie die Rechnung nach Indictionen anwenden, frühestens der zweiten Hälfte des 4. Jahrhunderts an; die Epoche dieser Aera kann also auf keinen Fall über das Jahr 100 unserer Zeitrechnung zurückliegen, wohl aber noch um eine Reihe von Jahren herabgehen. Es ist sonach zwar möglich beide Daten auf die arabische Provincialaera von Bostra und Petra (Epochenjahr 105 n. Chr.) zu reduciren und die Jahre 263 und 310 auf 368 und 415 n. Chr. zu beziehen, wozu die Indictionsziffern stimmen würden; allein diese Übereinstimmung kann ein Zufall sein und schliefst die Möglichkeit, dafs jene Daten von einem verschiedenen Epochenjahre aus bestimmt sind, keinesweges aus. Überdem stimmt mit dieser Rechnung die Angabe des Monats in der ersten Inschrift nicht, was sich zwar nach Analogie eines weiter unten zu besprechenden Falles leicht erklären liefse, aber doch wieder Unsicherheit in die Sache bringt. Es scheint gerathener nach Analogie von Aere eine besondere Stadtaera auch für Schakka anzunehmen, das nach n. 139 Colonie war und daher leicht Gelegenheit nehmen konnte seine Jahre von dem Zeitpunkte seiner Erhebung dazu zu datiren.

d. Im Jahre 105 n. Chr. wurde unter Trajan die Provinz Arabien eingerichtet, zu der zwar nicht der Strich, in dem *es-Sanamén, Brâk* und *Schakkâ* liegen, geschlagen worden ist, aber irgend einmal das südwärts von demselben belegene Inschriftengebiet gehört hat. Keine von den datirten Inschriften dieses Bereiches geht über die Zeiten Trajans zurück und es unterliegt daher kaum einem Zweifel, dafs ihre Jahre ohne Ausnahme, auch da, wo dies nicht besonders gesagt ist, auf die Provincialaera von Arabien zu beziehen sind, als deren Epoche eine ausdrückliche Überlieferung das Jahr 105 n. Chr. bezeichnet: *Chron. Pasch.* p. 472 Bonn. zu diesem Jahre: Πετραῖοι καὶ Βοστρηνοὶ ἐντεῦθεν τοὺς ἑαυτῶν χρόνους ἀριθμοῦσι, womit die Münzen von Bostra stimmen (Eckhel 3, 502). Diese Aera heifst in den beiden gleichzeitigen Inschriften von *Harrân* n. 111 und 112 ein

Mal die 'der Bostrener' (ἔτους σ̅μ̅β̅ τῆς Βοστρηνῶν, nämlich ἐποχῆς), in der anderen wird sie ausdrücklich als die 'der Provinz,' nämlich Arablen, bezeichnet (ἔτους σ̅μ̅β̅ τῆς ἐπαρχίου, *epochae provincialis*, wenn nicht ἐπαρχ[ας] *provinciae* zu lesen ist) und die letztere Bezeichnung war offenbar auch in der leider verstümmelten Inschrift von Bostra C. I. G. 4644 gewählt, wo in der letzten Zeile [ἔτους τῆς ἐπαρχ]ίας ἑκατοστοῦ τριακοστοῦ ἐνάτου zu lesen sein dürfte (¹). Die Inschrift ist demnach vom Jahre 244 n. Chr., dem Gründungsjahr von Philippopolis, und gewifs, nach Cavedonis richtiger Bemerkung, dem Philippus Arabs gesetzt, welcher von Bostra gebürtig war und damals in dieser Gegend sich aufhielt. Zu einer sicheren Bestimmung des genauen Anfanges der Aera verhelfen die angezogenen beiden Inschriften von *Harrân* vom Jahre 292 derselben. Die eine gleicht nämlich dieses Jahr mit der zehnten, die andere mit der elften Indiction. Zählen wir zu 292 zunächst 105 hinzu, so kommen wir ungefähr auf das Jahr 397 n. Chr. Nun lief die zehnte Indiction vom 1. September 396 bis 31. August 397, die elfte vom 1. September 397 bis 31. August 398. Der Anfang des 292. Jahres der Aera liegt also, da es in beide Indictionen fiel, nothwendig zwischen dem Ende des Septembers von 396 und dem des Augusts von 397, der Anfang des ersten Jahres folglich zwischen den gleichen Zeitpunkten der Jahre 105 und 106 n. Chr. Da nun nach einer unverächtlichen Überlieferung die Bewohner der Provinz Arabien das Jahr mit der Frühlingstagundnachtgleiche begannen (Ideler 1, 437 f.), so ist der Anfang des ersten Jahres ihrer Provincialaera auf etwa den 22. März 106 n. Chr. zu setzen und findet man durch Addition von 105 zu der Jahreszahl der Aera dasjenige Jahr n. Chr., mit dessen 22. März das Provincialjahr anfing. Mit dieser Setzung stimmen denn auch alle Daten der Inschriften, welche eine Controlle verstatten. 1) n. 62 von *Imtân* nennt die Augusti Constantius (337-361) und Constans (337-350) neben einander, fällt also zwischen 337 und 350. Dazu stimmt die Jahreszahl 238 = 343 n. Chr. — 2) C. I. G. 8623 von Bostra gleicht das Jahr 383 = 488 n. Chr. mit der elften Indiction, welche in der That vom 1. September 487 bis Ende August 488 lief. — 3) n. 86 von Bostra nennt als Kaiser Justinian (527-565) und datirt vom Jahre 434 = 539 n. Chr. — 4) C. I. G. 8625 von Bostra gleicht nach der verbürgten Lesart

---

(¹) Eine neue Abschrift giebt diese Zeile so: ΕΙΑϹΕ//ΑΤΟϹΤΟΥΤΡΑΚΟ
ϹΤΕℛΤΟΥ.

einer neuen Abschrift (ЄNЄTI YZINΔIЖS+) das Jahr 407=512 n. Chr. mit der sechsten Indiction, welche von Anfang September 512 bis Ende August 513 lief, gehört also den letzten Monaten des Jahres 512 n. Chr. an. 5) n. 110 von *Harrán* gleicht das Jahr 463 = 568 n. Chr. mit der ersten Indiction, welche eben mit dem 31. August 568 zu Ende ging. — 6) C. I. G. 8651 von *Ta'le* bezeichnet das 11. Jahr der Regierung Justinians (538) als das 633. der Aera, was auf die unmögliche Epoche 95 v. Chr. zurückführen würde und ohne Zweifel auf einem Lesefehler (Χ für Υ) beruht. Gemeint ist vielmehr das Jahr 433 der Provincialaera, welches eben zum Theil dem Jahre 538 n. Chr. entspricht. — 7) C. I. G. 9146 von *Gmirrin* in der Nähe von Bostra giebt das Datum MHNΔΠPIN|INΔΣZTϤЄTϤCϤΛH. Das Jahr 543 n. Chr. fällt allerdings zum Theil in die siebente Indiction, welche mit dem 1. September dieses Jahres anfing. Schwierigkeiten macht nur der Zusatz μην[ὶ] Ἀπρι[λίου], wie offenbar zu lesen ist. Es kann dies nur der April des Jahres 543 sein, vorausgesetzt, dafs das 438. Jahr der Aera mit dem 22. März 543 begann, und dieser Monat würde noch in die sechste, nicht siebente Indiction fallen. Der letzteren gehört der April von 544 an, der aber schon aufserhalb des 438. in den Anfang des 439. Jahres der Aera fallen würde. Wenn kein Fehler beim Lesen der Inschrift mit untergelaufen sein sollte, kann man die gegebenen Thatsachen kaum anders als durch die Annahme mit einander vereinigen, es sei in dieser späteren christlichen Zeit durch kirchlichen Einflufs etwa der Jahresanfang verrückt und auf den 1. October, den Anfang des syro-makedonischen Jahres, herabgebracht worden, eine Annahme, durch welche auch das Datum der oben berührten ebenfalls christlichen Inschrift von *Schakkâ* C. I. G. 8616 auf die Aera von Bostra reducirbar würde (April 416 n. Chr.).

e. Wie die angeführten Beispiele zeigen, bleibt die Rechnung nach der Provincialaera bis zum Tode Justinians im Gebrauch; die jüngste der behandelten Inschriften war vom Jahre 568. Dafs sie aber über diesen Zeitpunkt sehr lange hinaus in Geltung geblieben sein sollte, ist mindestens im höchsten Grade unwahrscheinlich. Die Jahrzahl der christlichen Inschrift von *Salchat* n. 46 (ἐν ἔτι ὑϛϛ) läfst sich zwar leicht in ὑ[ϟ]ϛ verbessern, was auf 601 n. Chr. führen würde, allein diese Verbesserung ist nicht die einzig mögliche; es liefse sich denken, dafs das zweite ϛ nur der mifsdeutete Rest eines schliefsenden Kreuzes wäre und wir ὑϛ = 511 n. Chr. zu lesen hätten oder dergleichen. Dagegen finden sich allerdings eine Reihe von Inschriften dieses Bereiches, welche sehr hohe Jahreszahlen bieten und auf die Provincialaera reducirt uns sämmtlich in das siebente Jahrhundert n. Chr. führen würden: 1) n. 39 von *Melah*: Μαίου ιβ̄ έτους φ[λ]ϑ. — 2) Eine unten nicht mitgetheilte, späte christliche Inschrift von *Kréje*: έτους φδ. — 3) n. 133 von *Schakká*: ινδ. γ̄ έτο[υ]ς φϑ.ϡϟ. — 4) n. 181 vom Hiobskloster: μ(ηνὶ) Ἰουλίῳ κε̄ ινδ. ιε̄ τοῦ έτους πεντακοσιοστοῦ τριακοστοῦ ἑκτου κυρίου Ἰησοῦ Χριστοῦ βασιλεύοντος. — 5) n. 205 von *Gerasa*: τῷ ζκφ έτει ΧΡΓ ἰνδικ.. — 6) C. I. G. 8652 von *Náchile*, deren Datum nach einer besseren Abschrift folgendermafsen lautet: μηνὶ | Νοεμβρ(ίου) γ̄ ΙΜ ΧΛ το[υ] έτους | φμ̄ τῆς ΕΠΑΧΡ. Sämmtlich gehören diese Inschriften, deren Daten, wie man sieht, nahe zusammenliegen, der spätchristlichen Zeit an, welcher Umstand jede Möglichkeit einer Beziehung ihrer Daten auf die Seleukidenaera von vornherein ausschliefst. Auf die Aera von Bostra reducirt würden sie bis gegen die Mitte des siebenten Jahrhunderts hinabführen (609, 623, 632, 641, 644), also sogar bis in die Zeit nach der Eroberung dieser Gegenden durch die Araber. Leider ist in n. 3 die Jahreszahl verdorben und in n. 5 die Indictionszahl verschwunden, n. 1 und 2 aber entziehen sich, da die Indiction nicht hinzugefügt ist, jeder Controlle, so dafs wir für eine Prüfung auf die Data von n. 4 und 6 uns beschränkt sehen. Der Zusatz in n. 4 κυρίου Ἰησοῦ Χριστοῦ βασιλεύοντος nöthigt nun zwar an sich nicht eine christliche Aera vorauszusetzen, und das τῆς ΕΠΑΧΡ von n. 6 scheint auf den ersten Blick geradezu auf τῆς ἐπαρχ(ίας) zu führen; allein die überlieferte Stellung des Χ vor dem Ρ erregt Bedenken, und ΧΡΓ zwischen der Jahreszahl und der Indiction in n. 5 verlangt Beachtung und ist von jenem kaum zu trennen. Nimmt man hierzu die Unwahrscheinlichkeit einer Geltung der Provincialaera bis in so späte Zeiten, so wird man allerdings geneigt sein für diese Inschriften eine besondere abweichende Aera vorauszusetzen. In τῆς ΕΠΑΧΡ dürfte demnach τῆς ἐνα(νϑρωπήσεως) Χρ(ιστοῦ) stecken, jenes ΧΡΓ etwa als Χρ(ιστοῦ) γ(ενέσεως) zu deuten und eine Zeitrechnung nach Christi Geburt anzunehmen sein. Prüfen wir auf diese Annahme hin die beiden Data, so fällt nach n. 4 der 25. Juli 536 in die 15. Indiction, welche vom 1. September 536 bis Ende August 537 unserer Zeitrechnung lief, und das 536ste Jahr wäre demnach etwa vom 1. Oktober 536 bis Ende September 537 nach Weise der Syrer gerechnet. Dagegen setzt n. 6 den 3. November

518 in die elfte Indiction, welche am 1. September 517 unserer Zeitrechnung begann, das Jahr 518 der Aera wäre folglich vom 1. Oktober 517 bis Ende September 518 unserer Zeitrechnung zu rechnen. Zwischen beiden Daten besteht also eine Differenz von einem Jahre, welche sich vielleicht aus einer Schwankung des Gebrauches erklären liefse, wonach das erste Jahr der Aera vom 1. Oktober theils vor, theils nach dem angenommenen Zeitpunkte der Geburt gezählt wurde. Freilich ist der Gebrauch einer Aera nach Christi Geburt, welche mit der occidentalischen so genau übereinstimmt, im Oriente zur Zeit kurz vor und nach Dionysius Exiguus sonstber nicht bekannt; es dürfte das aber kein triftiger Grund sein die vorliegenden Spuren desselben allein aus diesem Grunde von der Hand zu weisen, um so mehr, als wir bei Annahme einer solchen Aera mit den zuletzt behandelten Inschriften in eine glaubliche und annehmbare Zeit, das sechste Jahrhundert, kommen und nicht genöthigt sind mit ihnen in die Zeiten der arabischen Herrschaft herabzugehen, was noch viel weniger Wahrscheinlichkeit haben dürfte.

2. Das sprachliche Interesse, welches die zahlreichen epichorischen Eigennamen, welche auf diesen Inschriften vorkommen, gewähren, so wie das Bedürfnifs, für die Restitution verlesener Namen und deren Controlle das gesammte einschlägige Material beisammen zu haben, haben es wünschenswerth erscheinen lassen ein Verzeichnifs derselben voranzuschicken. Es sind in dasselbe der Vollständigkeit wegen auch diejenigen Namen aufgenommen worden, welche sich in den Inschriften des C. I. G. aus dem Bereiche unserer Sammlung vorfanden, und die betreffenden Citate, um Irrungen zu vermeiden, durch den Druck besonders hervorgehoben.

'Αβάβου **4560**.
'Αβγαρος 53.'Αβγάρου 57.'Αβγα[ρου] **4573** c.
'Αβίβου 150. 152.
'Αβούδου 15.
'Αβούνου 116.
'Αβούρρις **4593**. 'Αβουρίου 129 c.
'Αβράντ[ε] 76.
'Αβχίρου 200.
"Αδδος 10. 31. 'Αδδου (auf einer nicht mitgetheilten Inschrift von Negran). 'Αδ[δ]ου 156. 'Α[δδ]ου 17.
"Αδδα (Σάδδα?) **4519**. "Αδδη 27.
"Αδαιος **4560**.

"Αιδος 26. 'Αίδου 62 a. 60.
'Αζαβώνης (Gen.) 171.
'Αζίζου 56. 57.
'Αζιζίανος 175.
'ΑΣαυ 71.
'Α[Σ]άρου 77.
'Α[Σ]μάρου 90.
Αλαμος **4601**. Αλάμου 158. [Αλ]άμου 150.
'Αλάταϑος (nicht mitg. Inschr. von Αωναι).
'Αλαταϑου 59.
'Αλίβου 73.
"Αλιτος 180.
'Αμαϑάλη **4543** b.

---

1. In der Mitte des östlichen Trachon, d. h. am östlichen Fuße des *Safá*-Gebirges liegt die fruchtbare Niederung der *Ruhbe*, in welcher eines der merkwürdigsten Gebäude der ganzen Trachonitis steht, nämlich *Chirbet el-Béda* (die „weiße Ruine"). Sie ist beschrieben in meinem Reiseberichte über Hauran und die Trachonen, Berlin 1860. Zu diesem Schlosse wurden die Steine gebrochen und zu Quadern verarbeitet 1) bei dem Dorfe *'Odesije* in der *Ruhbe* 2) bei einer Stelle, wo der *Wádi Garas* aus den Steinfeldern der *Harra* in die *Ruhbe* mündet. Bei den Steinbrüchen an der letztgenannten Stelle liegt ein sehr großer Feldstein, auf welchem die

folgende Inschrift steht. Sie ist die einzige in jenen Gegenden. Die Beduinen hielten die Inschrift für ein Indicium von dort vorhandenen Schätzen und haben an der einen Seite des Steins fast 2 Klaftern tief gegraben, endlich aber aufgehört, weil zu befürchten stand, der Stein würde hinunterfallen und die Grabenden erschlagen. Man findet die ganze Tiefe der Grube Gemäuer mit Kalk zusammengefügt, was beweist, daß man dem Steine eine feste Grundlage geben wollte.

a.　　　b.

+ I̅C̅	ꓫ
X̅C̅	+ K⌃M
	C A⋀
	A∆ON

a. Ἰ(ησοῦς) X(ριστό)ς.　b. Vielleicht κώμ(ης) Σαλώδων oder Σαμώδων, so daß der Stein eine Gränzmarke gewesen zu sein scheint. Vgl. n. 172.

2. Ohngefähr 6‐7 Stunden südlich von der *Ruhbe* liegt mitten in der Steinwüste auf einer Art kleiner Insel, welche der *Wâdl es'-s'âm* bildet, ein vulkanischer Hügel, welcher mit rohen Mauern umbaut ist, die Schiefsscharten haben. Im Innern dieser kunstlosen Festung sind die Fundamente einiger Zimmer mit einigen Säulenstücken. Unter einem steinernen Bogen liegt das Grab eines Heiligen (*Well*), der *Nemâra* heifst; die ganze rohe Festung hat davon (oder der Heilige von der Örtlichkeit) den Namen *Nemâra*. Hier sieht man allenthalben die Felsen mit Inschriften, namentlich griechischen und lateinischen, bedeckt, aber roh und so verwittert, daß ich trotz aller Anstrengung nichts Zusammenhängendes lesen konnte. Der Ort scheint die östlichste Station der Römer und Byzantiner in Syrien gewesen zu sein, denn 8 Stunden hinter der *Harra* (Steinwüste) beginnt die grofse syrische Steppe. Auf einem grob zugehauenen Mauersteine, der auf der Erde liegt, stehen die folgenden zwei Worte:

ΦΛΑΙC　　　　　Φλᾶις (für Φλάιος, d. h. Φλάουιος)
AΔΡΙΑΝ　　　　'Αδριανός.
OC

3. Auf einem Feldsteine, der noch nicht aus dem Boden losgerissen ist; denn das Innere der rohen Festung ist nicht geebnet.

C.A.BEINO̅C　　　Σαβεῖνος ‥
BA.NIOY·AV　　　βανίου Αὐ ‥
ꙍμHC　　　　　　[κ]ώμης.

4. Aufserhalb der Ringmauer auf einem Felsblocke.   Die Schrift ist nur oberflächlich eingekratzt.

AXωOC   'Αχῶος
BOPΔOV   Βόρδου
KωΙΙHC   κώμης
COΛΑΛΑΕ...   Σελαλαε - ?
      o ε   φυλῆς Χα-
ΦVΛHCXΑ   α[ρ]ην[ῶν]?
ΑΠHNC

5. Auf einer Felserhöbung im Innern der Festung, mit tief eingegrabenen Buchstaben.

LEGIII CVK
ΕΡΙν

6. Auf einem zersprungenen Felsblock in der Mitte der Festung.

ΦΛAIOCC ΙMAVNOC   Φλάιος - - μαυνος
ΔωCIΘ ΙΕΟ //////////   Δωσίϑεο[ς]?

7. Am Abhange des Hügels und aufserhalb der Ringmauer.

LEGUIEΣ
  Y

8. Nicht weit von der vorhergehenden Inschrift steht die folgende; sie ist absichtlich zerstört.

LEGII·
AΕ1·1·

Témá, Ortschaft im Osten des Haurángebirges, zwei Stunden südlich von der Stadt *Saqqá*; sie ist nach vielleicht 1000jähriger Verödung seit dem Jahre 1857 von *Saqqd* aus mit Drusen colonisirt worden.

9. Die Inschrift steht am ursprünglichen Orte neben der Thüre des *Mensúl* (der Amtswohnung des Orts-Scheichs).

ΓΑΔOYOC   Γαδούος
KΑΙΛΚΛΔΘ OY   Καιακλάϑου
ΕΚΤHCΛΤO   ἐκτήσατο.

Ortschaft *el-Málikije* (von den Beduinen *Malkd* genannt), 1½ Stunden südöstlich von *Témá*. Es hatte überraschend schöne Häuser. Verödet.

10.

```
|AΔPIANOYTOYKAICOAIΔOY|
|ΠAΛEXOYEONAIXOYCTPA |
C |THFOYNOΠAΔωNTO |      C
|ΠNHΠIONETωN   ΛB |
|AΔΔOCAΔEΛΦOCETωN.KH
```

Z. 5 kann auch AΔΛOC gelesen werden. Ἀδριανοῦ τοῦ καὶ Σεαίδου | Μαλέχου [Σ]οναίχου, στρα|τηγοῦ νομάδων, τὸ] μνημῖον· ἐτῶν λβ. | Ἄδδος ἀδελφός· ἐτῶν κη. Vgl. die στρατηγοί C. I. G. 4560.

11. In einen Bogen eingesetzt, der aus altem Material gebaut ist. Die Inschrift ist sehr schlecht geschrieben.

```
|EVTVXOC  |E      Z. 1-2 Εὐτυχ[ῶ]ς ἐ[τ]ους σ4β
O|VC C4B.  |       (vermuthlich 397 n. Chr.). Z. 3 scheint
VK|QOEDOCCΔ| Δ     [Σ]όεδος zu lesen.
|ΔIUΔ⅄⅍
|XX
```

Ortschaft *Dúmd*, eine Stunde südlich von *Témá*. Seit dem J. 1858 colonisirt.

12. An der Aufsenseite eines Bauernhauses; nicht am ursprünglichen Platze.

```
ΦIΛITΠOC OVETAPXA CHP      Φίλιππος αὐετ[ρανὸ]ς ἤρ-
ZATO OIKOΔOΠHCE  EAY       ξατο οἰκοδομῆσε ἑαυ-
TωNΠNHΠωNEIEΛEYT           τῷ μνημ[ῖο]ν· ἐ[τ]ελεύτ-
HCEMAΓAPHAXXOYΓYN          ησε· Μαγάρη Ἀχχου, γυν-
HAYTOYΛTΗPTHCΝDO           ὴ αὐτοῦ, [α]πήρτ[ισε]ν βο-
HΘOYNTOCCONAIωAΔE          ηθοῦντες Σοναίω ἀδε-
        ΛΦω                λφῶ (d. h. Σοναίου ἀδελφῷ).
```

13. An der Wand eines Bauernhauses; nicht mehr am ursprünglichen Platze.

```
|C.EOⱯHΓO       [Θ]εόδημο[ς]?
|ΔIAKO ////O    διάκο[ν]ο-
+ |CKENOXO| T   ς κὶ Νοχο-
|PAΘH ///CV     ράθη [ἡ] σύ-
|NKIOC          ν[ß]ιος.
```

C 2

Dorf *Tarbá*, zwei Stunden südlich von *Témd*, seit 1858 colonisirt.

14. Über einer Hausthüre; nicht mehr am ursprünglichen Orte.

ΜΟΓΙΤΟCΑΝΕΟΥΚΑΙΙΝ   Μόγιτος Ἀνέου καὶ Ἰν-
ΟCΚΑΙΘΑΙΜΟCΑΔΕΛ   ος καὶ Θαῖμος ἀδελ-
ΦΟΙΜΝΗΜΟCΥΝΟΝΤΗ   φοὶ μνημόσυνον τὴ-
N   ' - - - -

15. Über einer Hausthüre; nicht mehr am ursprünglichen Platze.

A̅B̅O̅V̅Δ̅O̅V̅V̅Π̅   - - - - Ἀβούδου ὑπ-
ΕΡCΩΤΗΡΙΑCΟΡ   ὲρ σωτηρίας Ορ-
ΑΙΛΟΥΥΙΟΥΟΙΚΟΔ   αἴλευ υἱοῦ οἰκοδ(όμησεν).

16. In der Moschee, einem späteren Bau, verkehrt eingemauert.

ΑΘΗΝΑΤΗΙ////ΙΡΙΑΡΑΕCΟC   Ἀθηνᾷ τῇ [κυ]ρίᾳ Ῥάσσος
ΟΥΑΛΟΥCΑΥΑΡΗΝΟC///ΝΙϜ   Οὐάλου Σαυαρηνὸς [μ]ν[η]-
ΜΟCΥΝΟΝΥΠΕΡΕΑΥΤΟΥΚΑ   μόσυνον ὑπὲρ ἑαυτοῦ κα[ὶ]
ΤΕΚΝΩΝΤΟΝΒΩΝΙΟΝ////   τέκνων τὸν βα[μ]ὸν
ΑΝΕΘΗΚΕΝ   ἀνέθηκεν.

Vgl. n. 17. 28. 108. 119. 191.

17. Unterhalb der vorhergehenden Inschrift, ebenfalls verkehrt eingemauert und vorn abgebrochen.

ΟΜΑΙΝΑΘΗCΑΛ   Ὀμαινάθης Ἀ[δ]-
ΟΥΤΟΥΕΜΡΑΝΟΥΕ   [δ]ου τοῦ Ἐμράνου ἐ-
ΤΟΙΗCΕΝΙΤΗΚΥΙΙΑ   [π]οίησεν τῇ κυ[ρ]ίᾳ
ΗΝΑΚΟΝΧΗΥΠΕΙ...   [Ἀθ]ηνᾷ κένχη(ν) ὑπὲ[ρ]
ΝΤΗΙΙΑCΔΩCΙΘCΟΙ   [σω]τη[ρ]ίας Δωσιθ[έ]ο[υ]
ΟΗΛΙΚΙΑΙΙΟΥΥΙΟΥ   [ὁ]ηλικια[ν]οῦ υἱοῦ.

Stadt *Umm Ruwáq*, 2¼ Stunden südlich von *Témd*. Verödet.

18. An einer Mauer; nicht am ursprünglichen Orte.

Β ΑCΙΛΙC   Βασιλίσ-
ΚΟCΥΙΕΡΕ   V   κος ὑ[π]ὲρ σω(τηρίας)
ΥΙΩΝΜΑΞΙm   υἱῶν Μαξίμ(ου - - -

Troglodyten-Dorf *Agélát*; die Höhlen haben schöne steinerne Vorbauten.

19. In dem Vorbau eines Hauses über einer Thüre; wohl am ursprünglichen Orte und vollständig.

```
OIAΠOKWΠHCEΓΛWN            Οἱ ἀπὸ κώμης Ἐγλων
ΘΕWΛΥΤWΝΕΘΛW              Θεῷ αὐτῶν Ἐθαὼ
ΛΝΕCΤΗCΑΝΔΗΜΟ            ἀνέστησαν δημο-
CΙΑΝΤΗΝΟΙΚΟΔΟΜΗΝ        σίαν τὴν οἰκοδομήν.
```

20. Innerhalb einer Stube über einer kleinen Thüre; nicht am ursprünglichen Orte.

```
ZOBAIΔOCK                 Ζόβαιδος κ-
ⅬUAMMΛIXO               [αἱ] Ἀμμλχο-
CΧΛΑΜΜⅢΠ                 ς Χαάμμῳ (?) π-
ΔΤΡΙΕΠΟΙΗΕΑΝ            ατρὶ ἐποίη[σ]αν.
```

Stadt *el-Mus'ennef*, eine Stunde südlich von *Umm Ruwâq*. Merkwürdig durch ein prächtiges und ziemlich erhaltenes Mausoleum. Seit 1858 durch Drusen colonisirt.

21. An der nördlichen Stadtmauer: der Schluß der vierten, die ganze fünfte und die drei ersten Buchstaben der letzten Zeile sind gewaltsam zerstört worden.

```
ΥΠΕΓⅬ///ΤΗΡΙΛCΤΟΥΚΥΡΙΟⅤΧΥΤΟΚΡΑΤΟ
ΡΟCΚΑΙCΑΡΟCΜΑΥΡΗΛΙΟΥΑΝΤWΝΕΙ
ΝΟΥCΕΒΑCΤΟΥΚΑΙΤΟΥC.ΥΝΠΑΝΤΟCΟΙ
ΚΟΥΚΑΙΝΕΙΚΗCΕΤΟΥCΕΝΔΕΚΑΤΟΥC/////////////
///////////////////////////////////////////////////////////
//////ΚΑΙΚΥΡΙΝΑΛΙΟΥΓΕΜΕΛΛΟΥΕΚΑΤΟΝΤΑΡΧΟΥ
```

Z. 6 zu Anfang scheinen Spuren der Buchstaben KEY unterschieden werden zu können. Ὑπὲ[ρ σω]τηρίας τοῦ κυρίου Αὐτοκράτο[ρος Καίσαρος Μ. Αὐρηλίου Ἀντωνείνου Σεβαστοῦ καὶ τοῦ σύνπαντος οἴκου καὶ νείκης ἔτους ἐνδεκάτου - | - - - | -- καὶ Κυρ_ιναλίου Γεμέλλου ἑκατοντάρχου. Welcher der Kaiser, die diesen Namen geführt haben, gemeint sei, kann zweifelhaft sein. Am wahrscheinlichsten ist immer, daß M. Aurelius (161 - 180 n. Chr.) zu verstehen sei; in der absichtlich zerstörten Zeile dürfte der Name des Avidius Cassius gestanden haben. Vgl. n. 34. In diesem Falle wäre die Inschrift aus dem Jahre 171 nach Chr.

22. An der Mauer einer aus den alten Ruinen erbauten Moschee
verkehrt eingemauert.

ΦΛΜΑΖΙΗΟCCΑΚΟΗΟΥ&ΦΚΑΙΑΚο
ΜΕΝΤΑΡΗCΙΟCΚΑΙΚΟΙΝΙΚΟΥ
ΛΑΡΙΟCΚΑΙΓΓΕΝΟΜΕΝΟC(ΤΗC
ΗΓΕΜΤΟΜΝΗΜΑΓΚΤⲰΙΔΙⲰⲰΚο
ΔΟΜΗCΕ̄CΥΝ∩ΘΟΜΑΕΧΗΙΥΝΑΙΚ

Φλ. Μά[ξ]ι[μ]ες ..... καὶ ἀκο[μεντα]ρήσιες καὶ κο[ρ]νικου[λ]άριος .. γενόμενος τῆς |
ἡγεμε(νίας) τὸ μνῆμα [ἐ]κ τῶ(ν) ἰδίω(ν) ᾠκο|δόμητε(ν) σὺν Θομαέχῃ [γ]υναικ[ί].
Z. 1 scheint &/Φ Abkürzung für βινεφικιάριος und Z. 3-4 τῆς ἡγεμονίας in dem
Sinn von τοῦ ἡγεμόνος zu stehen. Was dagegen das ΚΑΙ$^x_ρ$ Z. 3 bedeuten mag,
so wie was in dem CAKOHOY von Z. 1 zu suchen ist, ist schwer zu sagen.

23. In derselben   ΙΟΥΛΙΑΚΑCΚΕΛ   Ἰουλία Κασκελ-
Moscheemauer.   ΛΙΑΝΑCΕΑΘΗΚΑΙ   λία Νασεάϑη, καὶ
    ΙΙΑΛΕΧΟCVΙΟC   Μάλεχος υἱός.

24. Vor der genannten Moschee, entweder als Pflasterstein, oder
als Grabstein noch auf dem ursprünglichen Grabe liegend.

ΛΑΓΒΑ	Τα[β]βά-
ΘΗCΑⲚ	-Σης 'Αν-
ΑΜοΥΠ	άμου π-
ΑΡΘΕΝΟ	αρϑένο-
ΥΕΤⲰⲚ	υ ἐτῶν
ΥΕΛΛΕJ	....

25. In der Mauer derselben Moschee. Daſs am Schlusse der Zeilen
4 und 5 noch etwas gestanden, ist wahrscheinlich. Desgleichen ist es möglich,
daſs der Stein unten abgebrochen ist, wo dann eine oder mehrere Zeilen
fehlen würden.   ΕΚΤΙCΘΗΗΚΡΗ///ΤΙCΚΙⳞ ΗΚΟΓΧ
ΟΕΟΥΕΠΙΤΕΡΟΤΑΙΙΑCΦΟΥCΚΙΑΝ
ΚΑΙCΟΝΕΟΥΚΑΙΙΙΛΗCΙΟΥΟΙΚΟΔΟ
ΙΙΗCΑΝΤⲰΝΜΑϿΙΜΟΥΚΑΙΘΕ
ΚΑΙΔΛΕϿΑΝΔϼΟΧΚΑΧΔΥΧΟΡ

Εκτίσϑη ἡ κρη[π]ὶς κ[αὶ] ἡ κόγχ[η τοῦ] | [ϑ]εοῦ ἐπὶ ἱεροταμίας Φευσκιαν[οῦ] ; καὶ
Σονίου καὶ Μιλησίου οἰκοδο|μησάντων Μαξίμου καὶ Θε - - - | καὶ 'Αλεξάνδρο[υ] κα[ὶ]
Αὔχορ - - Auffällig ist Z. 2 ἱεροταμίας für ἱεροταμείας, zu vergleichen mit
ταμιῖον für ταμιεῖον.

26. Vor der genannten Moschee als Pflasterstein liegend.

A E Δ O	Ἀεδᾱ-
C O N A	ς Ὀνα-
I Θ O V	ἴϑευ
E T ω N	ἐτῶν
λ E	λῑ.

27. In der Wand eines aus alten Trümmern gebauten Hauses. Die Inschrift ist ganz mit Lichenen bedeckt und ließ sich nicht reinigen. Daher wird die Abschrift voller Irrthümer sein. Von der letzten Zeile ließ sich nichts lesen.

A N A I O C O I A C O Y A I E K	Ἄναιος Οἰάσου ἅ[τ]εκ-
N O C T O M N H λ λ A Θ A Y	νος τὸ μνῆμα [ἐ]αυ-
E ω E Π O I H C E N.	[τ]ῷ [ἐ]ποίησεν [καὶ]
A Δ Δ H ꓼ Φ X I Δ O Y Γ	Ἀδδῃ Ἀρχίδου, γ-
Y N A I K I A Y T O Y E X ω N	υναικὶ αὑτοῦ, ἔχων
A Δ E λ Ꙋ O Y C C λ A N O ꓩ	ἀδελφοὺς Σλάνον (?),
C A C E I O N M A λ E X O	Σάτειον, Μάλχο[ν]
/ /	- - - - - - - -

28. Ist am Dache eines Bauernhauses verkehrt eingemauert; doch ließ sich die Inschrift in ziemlicher Nähe lesen.

Π P O K λ O C O K λ I Ц A C///////////// O Y K ꓥ
N A O H N O C B O Y λ E Y T H C E λ I O I Ц) (O
K A I T E I Ц O Θ E O C K A I A N T I O X O ω K A I
C A Ц C O C A Δ E λ Φ O I T H K Y Φ I λ A O H
N A T O ꓸ O Π Y λ O N C Y N Π A N T I K O Z
Ц ω E K T ω N I Δ I ω N ω K O Δ O Ц H C A N

Πρόκλος ὁ κ[αὶ Μασ.... ου Κ[α]|να[ϑ]ηνὸς βουλευτὴς κ[αὶ Οἰ[α]σο[ς]?| καὶ Τιμόϑεος καὶ Ἀντίοχο[ς] καὶ | Σάμπος ἀδελφοὶ τῇ κυρί[ᾳ] Ἀ[ϑ]η|νᾷ τὸ (πρ)όπυλον τὸ κατὰ κόζμῳ ἐκ τῶν ἰδίων ᾠκοδόμησ[α]ν. Canatha ist das heutige Kanawât.

29. An der Wand eines späteren Gebäudes.

Ц A T A P A N H C O Ρ E P O Y O K E	Ματαράπης Ὁ.έρου ὁ κὲ
K O Ρ T I N O Y E Ξ H Δ I ω N E	Κορτίνου ἐξ ἠδίων ἐ-
Π O I H C E N T O Ц N H Ц I O N	ποίησεν τὸ μνημίον.

Verständlicher und gewöhnlicher würde τοῦ κὲ Κορτίνου (Quartini) sein.

30. Auf dem eingestürzten Portale des römischen Tempels. Es liefs sich wenig von der zerstörten Inschrift lesen.

ΥΠΕΡΓШ7ΗꞂ(ΕϹΚΥΕΔΟΥ///ΒΑϹΙ
ΑΒШϹΑΠꞀΙΠΠΑϹͺΑ///ΠΑΝ//ΕΔΟΧΚΑ
ΤΕΥΧΗΝΔΙ∘ϹΚΔΙΠΑΤ////////////////////
ϹΟ

Z. 1 - 2. Ὑπὲρ [σ]ωτη[ρία]ς κυ[ρί]ου βασι[λέ]ως Ἀ[γρ]ίππα. Gleich darauf scheint [ὲ]κ {δα}πάν[ης gestanden zu haben. Z. 3 zu Anfang ist κατ' εὐχὴν nicht zu verkennen. Das folgende Διὸς täuscht aber vielleicht. Unter dem Könige Agrippa ist vermuthlich der zweite dieses Namens zu verstehen (gest. 99 n. Chr.), derselbe, auf den erweislich n. 179 zu beziehen ist.

Stadt *Bûsân*, 2 Stunden südlich von *Musennef*.

31. Über dem Fenster des oberen Stocks eines Hauses.

ΤΡШΤΗΡΑΡΤΟΥΔΕΔΟΜΟΥΤΕΚΤΗΝΑΤΟ
ΑΔΔΟϹΤΑΡΟΥΔΟΥ ΟΙΚΟΔΟШШΝΟΧΑ
ΡΙϹΤΟϹΕΡΓΟΝΔΕΙΕΕϞΕΤΕΛΕϹΘΗ

[Π]ρό[πυλ]α(?) τοῦ δὲ δόμου τεκτήνατο | Ἄδδος Ταρο[ύ]δου, οἰκοδόμων ὀχ' ἄριστος· ἔργον δὲ [τ]ι(?) ἐξιτελέσθη.

Verse jenes unvollkommenen Schlages, die in diesen Gegenden sich verhältnifsmäfsig so häufig finden.

32. Im Hofe der *Kaisarije* (Praefectenpalastes) liegend.

ΕϞΕΠΙШΕΛΙΑΛΚΑΙϹΠΟΥΔ'
ШΟΓΕΑΙΡΟΥΜΑΡΚΟΥΚΗ
ΤΤοΥΝΑΖΑΛοΥΕΚΤΙϹΘΗ
ΤΑΕΡΓΑϹΤΗΡΙΑΕΝΕΤΙϹΠΑ

Ἐξ ἐπιμελία[ς] καὶ σπουδ[ῆς]
Μογεαίρου Μάρκου κ[αὶ - -
ττου Ναζάλου ἐκτίσθη
τὰ ἐργαστήρια ἐν ἔτι σϛα
(muthmafslich 386 n. Chr.).

33. Auf dem Dache der *Kaisarije* umgestürzt liegend.

ΧΟϹΤΤΙϹΥШΒΙΟϹ
ΙΝΟΥΤΟΥШΑꝶΤΥꝶΟΥ
ΠΡΟϹΕΦΕΡΕΝΤШΟΙ
ΚШΤΑϹΕΥΧΗϹΧΡΥϹΙ
ΝΟΥϹΔΕΚΑΙΕϹϹΕΡΕΙ

. . . . σύμβιος
Ἰνου τοῦ Μαρτύρου
προσίφερεν τῷ οἴ-
κῳ [ὑπὲρ] εὐχῆς χρυσί-
νους δικα[τ]ίτσερε[ς].

Z. 1 kann für ΤΤ auch Π gelesen werden.

34. Im Hofe der *Kaisarïje* über einem Portale oder Fenster (wegen des Schuttes nicht zu unterscheiden). Wie es scheint am ursprünglichen Orte. Die vierte Zeile ist mit Ausschluß eines Zeichens am Schlusse derselben gewaltsam zerstört.

ΕΤΟΥϹΘΑΥΤΟΚϷΙΙΑ   Ἔτους ͵Ϛ αὐτοκρ(άτορος) M. A-
ΥΡΗΝΟΟΥΑΝΤΩΝΕΙΝΟ   ὑρη[λί]ου 'Αντωνείνο[υ]
ΚΑΦΑΥΙΔΙΟΥϷϹΙΟΥΗ////   κα[ὶ] Αὐιδίου [Κα]σίου -
/////////////////////////////ℛ   - - - - - - - - - -
ΑϹΥΤΙϹΗΚΩΙΙΗΕΥΧΑΡ   ασντιση κώμη εὐχαρ-
ΙϹΤΕΙ   ιστεῖ

Vom Jahre 170 unserer Zeitrechnung. Der Name des später abgefallenen Avidius Cassius ist offenbar nur durch einen Zufall der ihm zugedachten Zerstörung, die ihn nach Cavedoni's richtiger Bemerkung auf der Inschrift C. I. G. 4544 betroffen hat, entgangen. Z. 5 zu Anfang scheint sich der Name der Ortschaft zu verbergen.

35. Neben der Quelle *Aïn er-Rân*, fünf Minuten von der Stadt entfernt, sieht man die schönen Fundamente eines kleinen Gebäudes, das ein Tempel gewesen zu sein scheint, daneben das Bruchstück einer Inschrift, die schlecht zu lesen ist. Sie scheint ursprünglich noch eine fünfte Zeile gehabt zu haben.

ΕΠΙϹΥΝΔΙΚΙΑϹΤΑ   'Επὶ συνδικίας Τα-
ΙΙΑΗΛΟΥΤΑΥϷΙΝΟΥ   ναήλου Ταυρίνου
ΑΜΘΡΟΥΚΑΙΤΑΝ   [διὰ] 'Αμ[ί]ρου καὶ Ταν - -
ΙΟΝΗΔΨΙϹ   - - - - - Θη] ἡ [ἀ]ψὶς - -

Vgl. den σύνδικος C. I. G. 4602.

Stadt *Sâne*, zwei Stunden südöstlich von *Bûsân*. Sehr vorzüglich erhalten. Verödet.

36. Neben der Moschee, die aus älterem Materiale aufgeführt ist, befindet sich ein Gebäude mit einem hohen Portale; es ist das beste der Ortschaft. Über dem Portale stehen die beiden Inschriften auf zwei Steinen. Sie mögen am ursprünglichen Orte sein.

a.

KAIAMOCEIΦP
ONEWNΠOΛYΛMEI
OCENΘAΔEKEITAI
EZIΔIHCꟼPATIHC
CHⵑAΠOMICAMC
NOC

a.

Καίαμος ἐ[ὐ] φρ-
ονέων πολυλ[ή]ει-
ος ἐνθάδε κεῖται |
ἐ[ξ] ἰδίης στρατῆς
σῆμα πο[ιη]σάμ[ε]-
νος.

b.

CEOYHPOCⵑAⵑI
ⵑOCOYETPANOC
KAΛWCꓭIPATEY
CACⵑETAⵑAPEA
ΘHCYⵑOIOYEKΠAP
ΘENACKAIENΓEI
ⵑWCAΠOΛYΘEIC

b.

Σοουῆρος Μά[ξ]ι-
μος εὐτρανὲς
καλῶς στρατού-
σας μετὰ Μαρεά-
θη(ς) συμ[β]ίου ἐκ παρ-
θεν[ί]ας καὶ ἐν[τ]εί-
μως ἀπολυθείς.

Der Scherz scheint beabsichtigt und nicht etwa durch irrthümliche Ver-
setzung der letzten Worte zufällig hervorgebracht.

Sáld, Stadt zwei Stunden südlich von *Búsân.* Verödet.

37. Neben einer Quelle vor dem nördlichen Stadtthore auf einem In-
schriftenstein, der wohl zu dem schönen theilweise noch stehenden Überbau
der Quelle gehört hatte.

ΓAΔOYOCΘEⅹO.
ⳆAIATACAΘOC
CAΛAꓕANHCΘIOI
EKTHCANTOET
CⵍΔEYTYXWC

Γ'αδοῦος Θίμο[υ]
καὶ 'Ατάσαθος
Σαλα .. αν[ευ̷]ωἰ (?)
ἐκτήσαντο ἐτ(ους)
σνδ εὐτυχῶς.

C. I. G. 4628. Vermuthlich vom Jahre 359 n. Chr.

Dorf *Harlse*, südöstlich von *Sáld* zwischen den Städten *Sáf* und *Melah.*
Verödet.

38. Die Inschrift steht an einem Hause, wohin sie später gebracht
wurde; sie ist stark verwittert.

ΕΠΙΠΝΟΝΟΙΑCΕΟVΟΥΑΛΟΥΚ
ΑΙCΙΙΙΙΙΙΟΥΛΗΒΟΥΚΑΙΗΠΑΛΙ
ΟΥΚΑΙΓΑΔΟΥΟΥΠΙCΤΩΝ
ΚΑΙΓΑΔΟΥΟΥΤΙΙΙΙCΡΟVΟΙΚ
ΕΤΕΛΙΟΑΗΕΤΙΤΙ⊳

Ἐπὶ π[ρ]ονοίας [Σ]ουσυάλου κ-
αὶ Σ[αλέ]μου Λήβου καὶ [Μ]αλώ[χ]-
ου καὶ Γαδούου πιστῶν
καὶ Γαδούου Τ.... ρου εἰκ(εδόμου)
ἐτελι[ώ᷏ϑ]η ἔτι τῷ

(vermuthlich 419 n. Chr.).

Stadt *Melah-eṣ-Ṣarrár*, im Südosten des Hauràngebirges. Verödet.

39. An einem Gebäude im südlichen Theile der Stadt, das später in eine Moschee verwandelt worden.

ΚΤΙCΘΗΥΓΟ⟨⟩ΙΩΒΙΥΣΛΑΒΔΙΥ
ΝΜΑΤΥΓΥ ⟨⟩ΓΕ⊤ΥCΦΔΘ
ΧΙΡΙΑΜ ΡΧCΕΥ

['Ε]κτίσϑη ὑ[π]ὸ 'Ιωβίου [υ]λαβ(εστάτου) - - - | [μηνὶ] Μαίου ιβ(?) ἔτους φ[λ]ϑ |
χψὶ 'Αμ. σίου. Vom Jahre 539 n. Chr. (?).

40. Über dem Portale dieser Moschee.

ΕΤΟΥCΤξ⁄
ΤΑΔΟΥΟ⟨ΑΔ
ΛΕΧΟVΕΚΤΙCΕΤΟ
ΜΝΗΜΙΟᴖ⟨᷏ΑΙΥΑΙΙ
CΟΕΛΙΛΛΓϻ(ΚΟΘΔC

Ἔτους τξ[δ] (469 n. Chr.)
[Γ]αδοῦος Μα-
λέχου ἔκτιστε τὸ
μνημῶε[ν - - -
- - - -

Stadt *'Ormán* (Philippoupolis), von Burckhardt beschrieben. Verödet.

41. Das Haus mit den 6, auch bei Burckhardt stehenden Inschriften liegt an der Ostseite der Stadt, und das Hauptzimmer desselben ist von 8 byzantinischen Bogen gestützt. Alle Inschriften sind von anderen Gebäuden hieher gebracht und als Zierde der Vorderseite des Hauses eingesetzt worden.

O	ΕΤ.CΑS	O
	ΔΡΑΚΟΝ	
	ΤΙCΘΕΜ	
	ΑΛΛΟΥΤΟΔΕ	
	CΗΜΑΜΕΟΙCΕΤϘ	

Ἔτ(ους) σ‛κ (401 n. Chr.)
Δρακόν-
τις Θεμ-
άλλου τόδε
σῆμα ἐσὶς ἐτ(ευξεν). C. I. G. 4637.

D 2

276

42.
```
MNHMHCEINEKAΠO
TEENZωOI ECΘΛωN
ANΔPωNOTAICOYTO
KHOCKAIOYΔΛEN
TOCKACIΓNHTOY
EΓΛEΓEONOCANЧ
ONOДATIIOVЧNOC
```
ΠOHAEωADДATITONAEΔEIXATQTYICKONETEIPДI

C. I. G. 4639. Μνήμης ἕνεκά ποῖτε ἐν ζωσῖ[ς] ἐσθλῶν | ἀνδρῶν 'Oταίσου το|κῆος καὶ Oὐ[ἀ]λεν|τος κασιγνήτου | ἐν λεγῖνος 'Aν--| ὀνόματι 'Iσυπνός (?) | - - - - - | τόν[δ]ε δώματο τύ[μβ]ον ἔτει ͞ρ͞μ[ϊ] (250 n. Chr.).

43. Über der Thüre eines Hauses; nicht am ursprünglichen Platze.

BOPKAIOCNATAHOY | ‹   Βορκαῖος Νατά[μ]ου κ[αὶ]
ΓYNHAYTOYBOPHC   γυνὴ αὐτοῦ Βόρη Σ -
AΓIACOYETIOHCAN   αγιάσου ἐ[π]οίησαν
MIZ   - -

44.
```
ENΘAΔEKITE ΘANωN
ANHPΠINYTOCTEKAIEC
ΘΛOCΔOMITTIANOCΘEMOY
TE  OYKΛEOCOYΠOT        OΛI
TETTAPATEKHN
ΛIΠωNXAIPωN
```
C. I. G. 4636. 'Eνθάδε κῖτε θανὼν | ἀνὴρ πινυτός τε καὶ ἐσ|θλός, Δομιττιανὸς Θέμου, | οὖ κλέος οὔποτ' ὀλῖτι, | τέτταρα τέκ[να] | λιπὼν χαίρων.

45. An einer Kirche, die sechs weitgespannte Bogen und mehrere Nebenzimmer hatte, auf einem Opferstock (?) folgende Inschrift:

CAIOCΘ   Σάιος
AIДOV   Θαίμου
OIKOΔO   οἰκοδό-
ДOCEV   μος εὐ-
CEBωN   σεβῶν

ANEΘHKEN   ἀνέθηκεν.

Stadt *Salchat*, merkwürdig durch ihre Citadelle. Verödet.

46. Neben einem Portale in einem der innern Höfe der Citadelle. Doch gehört der Stein nicht dahin.

+CΔBINOCKΔI   Σαβῖνος καὶ
ΘEOTIMOCTE   Θεότιμος τί-
KNΔZΔΓOYEK   κνα Ζάγου ἐκ-
TICΔNTONΔY   τισαν τὸν [π]ύ-
TONENETIV̄SS̄   [ργ]ον (?) ἐν ἔτι ος
          (511 n. Chr. ?).

47. An der jetzt eingebrochenen Brücke über den Wallgraben der Citadelle. Die obere und untere Zeile mit sehr großer Schrift.

ΛΓΑΘΗΤΥΧΗ   Ἀγαθῇ τύχῃ.

ΘΑIΠΟCΗΑΘΠ   Θαῖμος Νάθμ[ου],
CΑΒΑΟCCΙΧΠΟ   Σάβαος Σίχμου[υ],
ΒΑCCΟCΟΥΑΠΙΟΥ   Βάσσος Οὐλπίου,
ΒΟΡΔΟCCΑ////////////////   Βόρδος Σα[βάου],
ΕΠΙCΚΟΠΟ//////////ΚΓ   ἐπίσκοπο[ι, ἐ]κ [τ]-
ΩΝΤΟΥΟΕΟΥΕΚΤ ΙCΑ   ῶν τοῦ [Θ]εοῦ ἐκτισα[ν]
ΕΤΟΥCΡΜↃ   ἔτους ρμδ (249 n. Chr.).

48. Auf einem zerbrochenen Architrave, der neben der λίμνη liegt.

ΥΠΕΡCΩΤΗΡΙΑ   Ὑπὲρ σωτηρία-
CCΑΙΟΥΦΙΛΟΚΑ   ς Σαίου Φιλοκά-
ΛΟΥΤΟΥΤΟΝ   λου [τ'α]ὗτο[ς]
ΕΚΤΙCΘΑΙΕⳞ   ἐκτισ[εν] ἐξ [ἰδίου]
ↃΛΤΟΥΕΤSↃΥΛΓ   [καμά]του ἐτ(ους) υλγ (538 n. Chr.).

El-'Ajin, 40 Minuten nordöstlich von dem Dorfe *el-Dafn*.

49. Eine prächtige Quelle mit den schönen Trümmern eines römischen Tempels. Mitten unter dem Haufen von Knäufen, Gesimsen und Quadern liegt der zerbrochene Architrav mit dem Bruchstück einer Inschrift. Der Tempel stand einsam, d. h. kein Dorf lag in seiner Umgebung.

```
ΥΠΕΡCШΤΗΡΙΑC
ΓΟΡΔΙΑΝΟΥCΕΒ
ϽΑΙΜΟCΑΔΕΡΟΥ,
ΟΝΟΑΟΟCΑCΛ
    ϽΟΑΘΟϹ
    ΑΗ
```

Ὑπὲρ σωτηρίας - - -
Γορδιανοῦ Σεβ - - -
Θαῖμος Ἀμέρου - - -
- - - - - - -

Vermuthlich aus dem Jahre 242 oder 243, der Zeit der Anwesenheit des Kaisers in diesen Gegenden.

Stadt *Ijún*, zwischen *Kréje* und *Ormán*. Verödet.

50. Im südlichen Theile der Stadt liegt vor einem größeren Gebäude im Gras diese Inschrift.

```
CAPINOCA
BOΥΛΕΥΤΗϹ
ΠΟΛΕШCBΟ
CΕΝΤΟΔΝΗ
ΛШΟΥΙϹ////////
```

Σαρῖνος Ἀ - - - - -
βουλευτὴς - - - - - -
πόλεως Βό[στρας ἐκτι]-
σεν τὸ μνη[μεῖον - -
Λώου κ - - -

51. Auf einem Opferstock (?) in einer Kirche, der 1 Meter 40 Länge und in der Mitte 27' Dicke hat.

```
ΕΠΛΑ
ΚШΟΗ
ΤΟΙΕΡϹ
ΝΕΠΙΔ
ΕΖΑΝΔ
ΟΟϨVΒΛ
ϨΟΥΡΟΥ
ΟΥΕΤΡΚΕ
ΓΕΡΛCΑΝ
ΟΥ VϹ
VϹΠΛΕ
ΕΤΡΞΖS
ΥΠΕΡΒΕ
ΡΕΤΕΟΥ
```

Ἐπλα-
κω[Θ]η
τὸ ἱερὸ-
ν ἐπὶ Ἀλ-
ε[ξ]ανδ-
[ρ]ε[υ - -
- ουρευ
ουετρ. κὲ
Γερμαν-
οῦ - -
- - - -
ἐτ(ους) ρξϛ
Ὑπερβε-
ρετέου - -

Muthmaßlich vom Jahre 272 n. Chr.

52. In der Wand des Kirchhofes verkehrt eingesetzt.

OBEΔOEKE	'Οβεδο[ς] αὶ
ΓΖΡΜΑΝOCKE EΔ	Γ[ε]ρμανὸς αὶ
ΜΑΞΙΜΟCOI	Μάξιμος εἰ-
KOΔOΜHCAN	κοδόμησαν
ETPΠΔ	ἔτ(ους) ρπδ

(muthmaßlich 289 n. Chr.).

53. In der Mitte der Stadt ist eine Kirche, deren Wände mit Statuenuntersätzen geziert waren. An ihr steht folgende Inschrift.

ΑΒΓΑΡΟCΜΑΞΙΜ | OC	'Αβγαρος Μά[ξ]ιμος
KAIAOYITOCCA	καὶ 'Αουῖτος Σα-
ΜΑ | IHCΠPONOHTAIOIKO	μαης προνοηταὶ οἰκο-
ΔοΜHCANETCΔ	δόμησαν ἔτ(ους) σδ (309 n. Chr.).
BACCOCOIKOΔOΜ | C	Βάσσος οἰκοδόμ[ο]ς.

54. In der zuletzt genannten Kirche liegt ein drei Spannen hoher Opferstock (?) mit Inschrift.

ETPNH

'Ετ(ους) ρνη (263 n. Chr.)

MAPIAN	Μαριαν[οῦ]
KAIAN	καὶ 'Αν - -
OYKAI	ου καὶ
MAΞI	Μαξί-
MOY	μου.

55. An einem hohen viereckigen Thurme, der sich auffällig bemerklich macht, steht eine kleine Kirche, bei welcher folgendes Bruchstück liegt.

	- - - - - άν]-
EΠAY)	επαύ-
CETO	σετο
AYΘO	Αὔθο-
CEIoYC)	ς ε[τ]ους
CΛE	σλε (340 n. Chr.)
ΜHNC	μηνὸ[ς]
ΑΠEI	'Απελ[λ]-
ID	[α]ίε[υ] - -

Städtchen *Awwas*, südlich von *Ijûn*. Verödet.

56. Über der Thüre eines aus altem Material gebauten Hauses steht folgende Inschrift, die zu einem besseren Gebäude gehörte.

ЄΚΠΡΟΝΟΙΑϹΚЄϹΠΟΥΔΗϹΒΟΗΘΟΥΠΡΟΚΛΟΥ
ΚЄΝЄϹΤΟΡΟϹϹΑΔΔΑΘΟΥΚЄΑΖΙΖΟΥ
ΟΥΛΠΙΑΝΟΥΚЄΘΙЄΔΟΥΑϹΔΑΘΟΥΠΡΟ
ΝΟΗΤШΝΑΦΙЄΙШΘΗΗΒΑϹΙΛΙΚΗΚЄΗΘΥΡΑ
ЄΤΟΥϹ ϹΚЄ

Ἐκ προνοίας κὲ σπουδῆς Βοήθου Πρόκλου | κὲ Νέστορος Σαδδάθου κὲ Ἀζίζου | Οὐλπιανοῦ κὲ Θύμου Ἀσμάθου προ̣ινοητῶν ἀφιε[ρ]ώθη ἡ βασιλικὴ κὲ ἡ θύρα | ἔτους σκε (330 n. Chr.).

57. Daneben auf der Erde liegend und schwer zu lesen.

ЄΚΤΙΡΟΝΟΙΑϹ|ΚΑΙϹΤΙΟΥΔΗϹ ⳨
ΟΥΑΠЄΝΤΟΛΑΖΙ̣ΖΟΥΚΑΙϹοΒЄΟΥΛΟΥΙ
ΙΟΥΚΑΙΜΑΓΝΟΥΑΒΓΑΡΟΥΚΑΙΜΑΝΟΥΗΙЄΜοΥ
ΠΙΓΤυΝЄΚΤΙϹΘΗΤΟ ΘЄΟΝΔΒΙΤΙΟΝЄΤϹΠϹΟ

Ἐκ [π]ρονοίας καὶ σ[π]ουδῆς | Οὐάλεντο[ς] Ἀζίζου καὶ Σοβέου Δουί[τ]ου καὶ Μάγνου Ἀβγάρου καὶ Μάνου Θύμου | πι[σ]τῶν ἐκτίσθη τὸ [ἐργαστήρ]ιον (?) ἐτ(ους) σπ᾽. (386-394 n. Chr.).

58. In der Wand einer weitläufig und gut gebauten Kirche rechts vom Portale steht verkehrt folgende sehr deutliche Inschrift.

ЄΤΡΥЄΠΙΔΑΓΝοΥ   Ἐτ(ους) ϛ̄ϟ̄ (295 n. Chr.) ἐπὶ Μάγνοι
ϜΑΙΔΑΛΧοΥοΝЄ   καὶ Μάλχου σύε-
ΤΡΑΝШΝϜΑΙϹΑΡΙΥ   τρανῶν καὶ Σαρι-
ΔΑΘοΥϜΑΙΝΔϹЄΡΟ   μάθου καὶ Ν[α]σέρο[υ].

59. Neben der vorigen Inschrift in der Wand linker Hand vom Portale, ebenfalls sehr deutlich.

ЄΤϹЄЄΠΙΝΑϹЄΡΟΥ   Ἐτ(ους) σι (310 n.Chr.) ἐπὶ Νασέρου
ΟΤЄΔΙΟΥΚΑΙΑΛΑϹ   Ὀτεμίου καὶ Ἀλασ-
ΑΘΟΥΓΑΛЄϹοΥοΤЄΔΙ   άθου Γαλέσου Ὀτεμί-
ΟΥΑΥϹΟΥΔΑΝΟΥΟΥΑ   ου Αὔσου Μάνου Οὐά-
ΛЄΝΤΟΥΠΡΟΝΟΤШΝ   λεντο[ς] προνο[η]τῶν.

60. Vor dieser Kirche liegt folgende oben abgebrochene Inschrift auf der Erde. In der letzten Zeile scheint zwischen den letzten Buchstaben nichts zu fehlen; die Zwischenräume scheinen unausgefüllt gewesen zu sein.

KAI	- - - - - - καὶ
ΠΡΙΣΚΟΥΟΥΑΛΕΝΤΟΣ	Πρίσκευ Οὐαλεντος
ΚΗΙΟΤΕΜΙΟΥΑΕΔΟΥ	κ[α]ὶ Ὀτιμίου Ἀιδου
ΠΙΣΤωΝΕΚΤΙΣΟΗΟΙΚΟ	πιστῶν ἐκτίσ[θ]η οἰκο-
ΟΣ//ΕΤΟΥΣ////Σ//μθ	(ο)ς ἐτους σμθ (354 n. Chr.).

Das Städtchen *Megdel es'-Sór* (*Magdal* die Rathsstadt, so genannt, weil sich daselbst vor Alters die Grofsen des Landes zu Rathe versammelt haben sollen) ist klein, war aber gut gebaut und das Pflaster hatte Trottoir. Verödet.

61. An der Südseite der Stadt stand über einem hohen Fenster eines bedeutenden Hauses folgende Inschrift an ihrer ursprünglichen Stelle.

ΕΚΠΡΟΝΟΙΑ	ΣΚΑΙΣΠΟΥ
ΔΗΣΤΑΔΟΥ	ΟΥΚΑΙΣωΠΑ
ΤΡΟΥΚΑΙΑΜΙ	ΡΑΘΟΥΡΙΣΤωΝ
ΕΚΤΙΣΘΗΟΔΗΜ	ΟΣΙΟΣΟΙΚΟΣΕΤΙΣΝΖ

Ἐκ προνοίας καὶ σπουδῆς [Γ]αδδαίου καὶ Σωτάτρου καὶ Ἀμμράθου [π]ιστῶν | ἐκτίσθη ὁ δημότιος οἶκος ἔτι σνζ (362 n. Chr.).

Stadt *Imtán* (wohl bauranische Aussprache für das ursprüngliche *Mután*), südöstlich von *Megdel es'-Sór*. Verödet.

62. Die folgenden zwei Inschriften stehen auf einem dicken viereckigen Pfeiler, der zwei Bogen stützt: in einer Moschee, die aus altem Material aufgebaut ist. Sie ist durch einen rohen Säulengang vor ihr kenntlich. Die eine dieser Inschriften auf der der andern entgegengesetzten Seite. Das Copiren dieser Inschriften wurde dadurch erschwert, dafs sie zu drei Viertel unter dem Estrich der Moschee stecken und ausgegraben werden mufsten, die gegrabenen Löcher aber den Umständen gemäfs nicht weit sein konnten, und die eine Seite des Pfeilers sehr dunkel war.

a.

ΕΠΙΤΗϹΑΙΝΙΑϹ
ΤΟΥΚΥΡΙΟΥΜΤΟΥ
ΔΗΗΦΛΙΕΡΟΚΛΕΟΥϹ
ΠΡΟΝΟΙΑΣΛΑΝΗοϹ
ΒΟΥΛΕΓΔΙΚοΥΚΑΙϞ
ΡΟΥΑΙΟΥΚΑΙΑΕΔΟΥ
ΚΑΙΑΥϹΟΥΠΙϹΤΝΗ
ΤΟΧΝΗΑΕΚΑΘΑΡϹΘΗ
ΚΑΙΗΠΛΑΤΙοϹΕΡΑΤΙΝ
οΚοΔοΜΗΘΗΚΑΙΕΚΤΙΓ
ΘΗΕΠΑΓΑΘΝΠΟΛΙΓ

a.

Ἐπὶ τῆς ἀ[γ]νίας
τοῦ κυρίου - - -
- Φλ. Ἱεροκλέευ[ς]
προνοίμ .. ωνος
βουλ. ἐγδίκου καὶ-
ρουαίου καὶ Ἀέδου
καὶ Λύτου πιστῶν
τὸ χῦ[μ]α ἐκαθαρίϟθη
καὶ ἡ πλατιος (?) ἱερατι[κ]ι
οἰκοδομήϟθη καὶ ἐκτι[σ]-
ϟθη ἐπ' ἀγαϟθῷ πολι..

Z. 5 ist ἐκδικος vermuthlich dasselbe, was σύνδικος.

b.

ΥΠΕΡϹΝΤΗΡΙΑϹ☿
ΚΑΙΗΕΙΚΗϹΤΝΗ☿
ΔΕϹΠΟΤΝΗΗΜΝΗ
ΚΝΗϹΤΑΝΤΙΟΥΚΑΙ
ΚΝΗϹΤΑΝΤΟϹΑΥ
ΤΟΥϹΤΝΗΕΚΟΓΗΗ
ΘΗΗΠΛΑΤΙΟϹΙΕΡΑ
ΤΙΚΗΤΗΙ⋈ΗΙΕΡΑ
ΕΤΙ ϹΙΗ
☿

b.

Ὑπὲρ σωτηρίας
καὶ νείκης τῶν
δεσποτῶν ἡμῶν
Κωνσταντίου καὶ
Κώνσταντος Αὐ-
γούστων ἐκο[σ]μή-
ϟθη ἡ πλατιος (?) ἱερα-
τικὴ τῇ ι[β ἡμ]έρᾳ (?)
ἔτι σ[λ]η (343 n. Chr.).

63. Auf dem Portale der genannten Moschee. Die Inschrift ist
nicht mehr am ursprünglichen Orte.

ΤΕϹϹΕΡΑΚΟΝΤΟΥΤΗϹϹΤΕΡΚΟΡΙΑ
ΓΑΛΛΙΞΕΗΘΑΟΕΚΠΕΠΟΛΡΑΓΟΜΑΓοΥ
ΜΟΝΩΝΡΠΕΗΕΚΑΠΟΜΝΗΜΑΤΟΥΘΩϹ
ΟΡΑϹΕΚΘΕΜΕΝΩΗΜΕΧΡΙϹΥΨοΥϹΦΛ·
ΓΕϹϞΚΑϹΑΛΗΡΠΤΕΧΙΔΙΩΝΕΞΕΤΕΛΕϹΕ
ΑΗΑΛΩϹΑϹϞ⋈Ⱌ ΕΕΝΕΤΙ. ϹΑΖ

Man erkennt mit Sicherheit nur Τεσσερακοντούτης Στερκορια|---ἐ[ν]θά[δ]ε κ[ῖτ]ε
--|--κα[ὶ τ]ὸ μνῆμα τοῦϟ', ὡς|ὁρᾷς, ἐκ θεμε[λί]ων μέχρις ὕψους --|---ἐξ

ίδίων ἐξετέλεσα|ἀναλώσας δννάμια μύ(ρια) τιττακιστχιλια ἐν ἔτι σλζ̅ (vermuthlich
342 n. Chr.). Wegen der Abkürzung ΙΙΙ für μύρια vgl. C. I. G. 4643
und 1973.

64. Neben der vorhergehenden Inschrift steht gleichfalls nicht zu
dem gegenwärtigen Hause gehörig folgende. Über dem Steine stand ursprünglich auch Schrift, ist aber nicht mehr zu lesen.

```
ΚΑΙ       ΦΛΟΥΡΣΟΣΑΚΤΟΥΑΡΙΣΟΥ           ΜΧΙΛ
ΑΙΙ.      Ι ΙΛΛΑΤΙΟΝΟΣΙΙΟΘΑΝωΝΤωΙΙ      ΙΑΣ
ΣΟΙΚ      ΝΗΗΑΟΙΚΟΔΟΙΙΗΣΑΣΕΚΘΗΙΙΕΛΙω    ΣΥΡΟ
ΟΔΟ       ΝΗΓΟΥΣΣΙΙΕ  ΙΙΗΝΙΙοΥΝΙοΥΚΓ:✝  ΕΓΟω
ΟΟΣ       ΕΝΘΑΟΗΚΙΤΕΟΥΡΣΟΣΒΙΟΡΧΟΣΠΑΤΗΡ  ΟΡΣΟΣ
          ΤΟΥΥΠΟΤΕΤΛΓΙΙΕΝΟΥΟΥΟΟΟΥΔΙΑΤΗΣΕΠΙΝΗ  ΕΞΙΔΙ
                                         ωΝΙ
                                         Σ..
```

... ΝΗ////ΙΤΚΑΑΥ ΙΤΙΙΟΙΚΕΙΔΤΗΣΑΝΑΠΑΥΣΗ///////ΟΙΚΟΙΙΕ

Φλ. Οὖρσος ἀκτουάριε σύ|[ε]ξιλλατίωνος Μοθανῶν τὰ μ|νῆμα οἰκοδομήσας ἐκ θη-
μελίω|ν ἢ[τ]ους σμα̅ (350 n. Chr.) μηνὶ Ἰουνίου κγ̅. | Ἐνθάδη κῖτε Οὖρσος Βίορ-
γχος πατὴρ | τοῦ ὑποτετ[α]γμίνου Οὔ[ρσ]ου - - Aus der letzten Zeile ist nichts
Zusammenhängendes heraus zu bringen. Rechts erkennt man Ὄρσος ἐξ ἰδίων,
links Καίεμ[ο]ς εἰκοδόμος. Ein actuarius vexillationis ist sonsther nicht bekannt. Wegen Μοθανῶν vgl. Not. Dign. p. 81 Boeck. Equites Illyriciani
Motha (in Arabien) und vielleicht Stephan. Byz. Μωθά, κώμη Ἀραβίας —
οἱ κωμῆται Μωθηνοί.

65. In der südlichen Mauer derselben Moschee ist nahe am Dache
folgende Inschrift eingesetzt. Sie, wie alle übrigen gehören nicht ursprünglich zu diesem Gebäude.

```
ΔΡΑΝΑΣΤΑΣΡΟΣΕΥΣΕΒΙΓΣΝΙ
ΟΠΟΤΑΜΙΔ·ΚΑΙΔΠΟΤΟΥΚΛΥ
ΣΤΑΠΡΑΚΤΙΔΤωΝΑΟΥΔΙΚω
ΕΧΕΙΝΤοΠοΝΙΣΔΙΤΗΝΙΔΙϹΝ
```

Dieselbe Moschee; an der Wand neben dem Portale rechter Hand
steht 66, an der hinteren (östlichen) Wand steht 67, auf der Erde liegt
neben 67 die dritte 68.

66.	67.	68.
ΙΟΥΚΑΙCΟΥΒCΚ	ΛΕCΘΑΠΚΑΤΕΚ	ΗCΡΟΡ
ΑΥΤωΝΕΠΙ	ΙΝΟΝΕΝΟΝΑΟϪΕϞ	CΤΟΝ
ΚΑΙΤωΑΥΤωΕΡ	ΙϪοΜΕCΤΙΚΟΥΧΕ	ΤΙΚΟΗ
ΤΑΠΕΝΤΕΧΡΥ	ΕΝΤΕΤΟΥΧΡΥCΟΥ	ΙΡΙCΟΗ
ΝΠΡΟCΤΙΗΟΝ	ΝΠΟCΟΤΗΤΑΤωΝ	ΧΙΤΡω
ωΝΑΡΙωΝΚΑΤ	ΤΗΝΑΝΑΓΚΗΝΕ	ΑΡΟϟ
ΥCΗCΑϟΙΟΠΙC		ΠΟΤΟ

Die n. 65-68 sind offenbar Fragmente eines und desselben Steines. Den Inhalt bildet ein Erlaß des Kaisers Anastasius (n. 65, welches vom Anfange ist, läßt Αὐτοκράτωρ Καῖσ]αρ 'Ανασσάσ[ι]ος εὐσεϐ[ὴ]ς, νι[κητής, τροπαιούχος u. s. w. erkennen), von dem ein anderes Exemplar sich in den Fragmenten von Bostra n. 81-85 erhalten hat; vgl. das Exemplar von Kyrene C. I. G. 5187. Es sind dies offenbar die Specialedikte zu dem im C. Iust. (tit. de erog. mil. ann. 12, 38) c. 16-19 theilweise erhaltenen Generalerlasse dieses Kaisers. Wie das n. 65 und 81 übereinstimmend vorkommende Μισ]οποταμία καὶ ἀπὸ τοῦ Κλύσ[ματος beweist, bezog sich der Erlaß, zu dem diese und die Bostrener Fragmente gehören, auf die Dioecese Oriens, wovon in jenen Worten die Nord- und Südgränze namhaft gemacht werden. Denn Clysma ist sicher die an der Gränze von Aegypten und Arabien gelegene aegyptische Gränzfestung. So weit sich der Inhalt übersehen läßt, handelt es sich um die Vertheilung der gewissen Bediensteten aus den Magazinen zukommenden Lieferungen, insbesondere an die Officialen der verschiedenen duces in der Dioecese Oriens; vgl. C. Th. 7, 4, 30, wonach die in Palaestina stehenden Truppen (limitanei milites) statt der Naturallieferungen Geld erhalten, das ducianum officium sich aber hieran nicht kehrt. So erklärt sich auch der Gegensatz der duciani zu den scriniarii in n. 83; denn die duces hatten in ihrem Personale scriniarii nicht, wohl aber im Orient die magistri militum. Die scriniarii sind also das Personal der militärischen Oberbeamten, das im Orient sich aufhält, die duciani dasjenige der dort stationirenden militärischen Beamten zweiten Ranges. N. 66 nennt den subscribendarius, den auch C. Th. 7, 30, 1 speciell bei der Magazinverwaltung beschäftigt zeigt; die Not. dig. erwähnt ihn unter dem officium ducianum regelmäßig. Ihm entspricht der ὑπομνηματοφύλαξ des anastasischen Gesetzes C. Iust. 12, 38, 19. N. 67 erscheinen die domestici, die Leibwächter des Kaisers

(*C. Th.* 6, 24), die auch die eben citirte anastasische Verordnung in diesem Zusammenhange aufführt.

69. Über einer Hausthüre, wahrscheinlich am ursprünglichen Orte.

> CoHTϘ
> δVCϡ

70. In dem östlichen Theile der Stadt an einer elenden Moschee; nicht ursprünglich.

> COI·ⅡⲚC,
> Tl-R.E.Q

Stadt *Samma*, südlich von *Megdel es'-Sór*. Verödet.

71. In einer elend aus altem Material zusammengesetzten Moschee lag folgende Inschrift; eine unter der Schrift stehende Figur ist erhaben, während die Schrift vertieft ist.

ⳞⳡPCⲒ\	[Θ]έρσι,
POYΦCA	'Ροῦφ[ι] 'Α-
ΘOYOYE	Θου (?) οὐε-
TPANOC	τρανός.
ETOЄ	ἐτ(ῶν) οι.

Dorf *Mes'qúq*, westlich von *Samma*.

72. Die Inschrift steht verkehrt im Thurme der Ortschaft und mußte auch verkehrt copirt werden. Am Ende derselben sind c. 6 Buchstaben zerstört.

Ἀγαθῆ τύχη. Εὐτυχῶς [ῳ]|κοδεμήθη ὁ πύργος. | Βάσσος ο[ὐέ]τρ[α]νὸς ἐξ ὀρ|δι- ναρίω(ν) σ[τ]ρατ[ευσα]μενες ἐμ | Μετοπετ[α]μία. Σοράνιος | οἰκεδό[μ]ε[ς]. Rechts ἔτους σμ̄ (muthmaßlich 350 n. Chr.), links etwa ἀ[νη]λώθη μύρια oder dergleichen. Zum Titel des Mannes vgl. *Orell.* 3391 *protector ex ordina-*

rio leg. II. *Ital(icae) Divit(esium)* und n. 103. So hießen in späterer Zeit die fünf ersten Centurionen der ersten Legionscohorte, der Primipil, *hastatus primus, princeps primus, hastatus secundus, triarius posterior* nach Veget. 2, 7. 8. Vgl. Lange *hist. rei mil.* p. 46. 88. Gothofred zum *C. Th.* 8, 4, 16.

Städtchen '*Ans*, südwestlich von *Mes'qûq.*

73. Der folgende Grabstein ist in eine spätere Mauer eingesetzt.

ΠΟϹ	- - - μος
ΑΛΕ	Ἀλί-
ΒΟΥ	βου
ΕΤΩΝ	ἐτῶν
Π	π.

Der el-Méjás (Kloster *Méjás*), das sauberste und besterhaltene Bauwerk in *Haurán*, zwischen '*Ans* und der Stadt *Umm el-Qottén.*

74. Hochoben in der äußern Wand über dem Portale und selbst mit dem Fernrohre kaum erkennbar steht folgende Inschrift, die ihren ursprünglichen Platz inne hat.

```
ΠΘΕΟϹΟΒΟΑΘΗΚΝΑШΟΙϹΑΗΙΙШ(¹)
ΙΥΕΙΟΥϹΟΛΕΜΟΥΕΥΞ........
ΤШΘΕШΕΠΕΤΙΚΕΝ.ϹΕΝΤ.....
ΤΟΕΞΕΙΔΙШΝΚΑΜΑΤШΝΤΟΥΓ...
ΠΡΟϹΠΡΟΥΟΙΑ∘ΝΕΝΟΥΟΙΚΟΔΟΜΟΥ
ΚШΙΙΕϹΒΟϹΟΗΝШΝΕΤΕΙΙШΘΗΙ
ΗΑΥΑΗΕΠΙΙΙΕΝΙΥΕΤΡΙΚΟΝΤ...
ΚΑΙΕΞΚΑΙϹΟΙΟΗΝΙΓΙΝШΟΚШΝΕ
ΝΟΗϹΗϹΟΙΟΘΕΟϹΚΑΙΕΡΙΖΕΗΘΝ
ΦΘΟΝΙΟΔΕΦΘΟΡΑΓΗΤΗ✦
```

Man erkennt Z. 1 εἶς Θεὸς ὁ βοηθῶν - -, Z. 2 und ff. Σαλέμου εὐξ[άμενος] τῷ Θεῷ ἐποίησεν - - - τοῦ] | το ἐξ εἰδίων καμάτων τοῦ [πατ]ρὸς (?) προναίμ Ὀνίνου οἰκοδόμου κώμης Βοτοηνῶν ἐτελιώθη ἡ πύλη(?) ἐν ἡμέραις τριάκοντ[α] καὶ ἕξ. καί σοι ὁ ἐν ὑψίστῳ εἰκὼν βοηθήσει ὁ Θεός. καὶ ἔριζε, μὴ φθόνει δέ· φθορὰ . . . Auch hiervon ist nicht Alles sicher.

(¹) Die letzten 8 Zeichen hat das schärfere Auge meines arabischen Führers zu sehen geglaubt.

Stadt *Umm el-Qoṭṭén*. Verödet.

75. Am Nordende der Stadt ist an der Vorderseite eines Hauses folgende Inschrift so hoch eingemauert, dafs sie nur durch das Fernrohr copirt werden konnte. Sie steht nicht mehr an ihrem ursprünglichen Platze. An demselben Hause ein Kreuz mit einem Kreise umgeben.

ΒΑΚΟϹΓΑΔΔ°ΥΒΟΥ	Βάκος Γάδδου βου-
ΛΕΥΤΗϹΚΕΟⳑΡΗ⁻	λευτὴς κὲ Ὀμρη[ς]
ΟΛΑΙⳑΟΥϹΥΟϟΙΟϹΑΥ	Ὀλαίμου [ἀνεψ]ιὸς αὐ-
ΤΟΥΕΚΤΙΟΑΝΤΟΤ Κ	τοῦ ἐκτι[σ]εν τὸ (μνημῖον).
ΙΟΙ	

Dorf *Ghärtja*, zum Unterschiede von anderen gleichnamigen Ortschaften nach einer benachbarten Ortschaft *Subéh* auch *Ghärtjat Subéh* genannt. Verödet.

76. Die Inschrift steht auf einem Steine, der neben einem mitten im Dorfe befindlichen Wasserteiche liegt; der Stein ist von den Nomaden aus dem Dorfe dorthin gebracht worden zur Bequemlichkeit der Wasserschöpfenden. Liefs sich nur verkehrt lesen.

ΑΒΡΑΝΗΛΑΝ	Ἀβράπη[ς Ἀ]ρ-
ΕΜΟΥΑΝΕ	ίμου ἀνέ-
ΘΗΥΕ	ϑη[κ]ε.

Qrêja, gröfsere Stadt, von Burckhardt beschrieben. Sie ist dieselbe Ortschaft, welche in der *notit. eccles.* (bei Reland Pal. p. 218) Κυρεάϑη genauut wird. Bewohnt.

77. Am Ostende der Stadt, an der Ecke eines Hauses eingemauert. Nicht am ursprünglichen Platze und unten abgebrochen.

ΒΑΔΑΒΑΙΛΟϹΑΓΑΡΟΥⳑΝ..	Βαδάβαιλος Ἀ[Ϲ]άρου μυ-
ΗⳑΕΙΟΝΕΠΟΗϹΕΝΕΚΤ...	νημῖον ἐποήσεν ἐκ τ[ῶν ἰδίων -

Boṣrá, das antike *Bostra*. Bewohnt.

78. Grabstein auf der Nekropolis in der Nähe der grofsen *Birke* (λίμνη) am Ostende der Stadt.

ΚΟΕ	Κοέ-
ΜΑ	μα-
ϹΕΧΑ	ς Ἐχά-
ΡΟΥΕΤ	ϛου ἐτ(ῶν)
ΙΥ	ι - -

79. Auf einem Steine, welcher vor einer kleinen Moschee liegt, die laut arabischer Inschrift im Jahre 638 vom syro-aegyptischen Könige *Negm ed-dîn Éjûb* aus antikem Material aufgebaut worden ist.

ΚΛΑΥΔ   Κλαύδ[ι]-
ΟΣΟΥΑ   ος Οὐά-
ΑΗC   [λ]ης (oder Οὐάλης)
ΛΕΓ   λεγ(εῶνος) - -
CΤΚ   στ[ρ](ατιώτης).

80. An der ehemaligen Hauptkirche in *Boṣrá*, welche nach dem in der Biographie *Muḥammeds* oft erwähnten Mönche *Boḥéra* die Kirche des Mönches *Boḥéra* heißt. Die Inschrift steht hoch und ist schwer zu lesen. Sie steht nicht mehr am ursprünglichen Platze.

ΦΡΟΝΩΝΟCΤΟΙΚΥΡΙΟΙΗΕΜΕΙΝΟC
ΗΠΟΛΙCΕΠΙΚΑΝΙΩΑΥΝΟΙΒΩΙΝΟΝ
ΙΑΡΥCΑΤΟΕΠΙΟΒΘΙΝΟΥΑΜΡΕΙΛΙΟΥ
ΠΡΟΕΔΡΟΥΤΟΒΚΑΙCΥΝΑΡΧΟΝΩΝ

- - - Φρόν[τ]ωνος το[ῦ] κυρίο[υ] ἡ[γ]εμ[ό]νος | ἡ πόλις - - - τ]ὸ[ν] βω[μ]ὸν | ἱ[δ]ρύσατο ἐπὶ 'Οαβθίνου (Σαβείνου?) 'Αμρειλίου | προέδρου τὸ β καὶ συναρχόν[τ]ων.

81. Verkehrt in der äußern Mauer einer Moschee, welche *el-mesgid el-kebír* (die große Moschee) heißt, und aus kostbarem antiken Materiale (weißen Marmorsäulen u. s. w.) ziemlich gut im Jahre 618 arabischer Aera gebaut ist.

ΣΙΗCΔΩ
ΗCΚΔΙΔΠΟ
ΜΗΕΡΝΔ
///ΕΤΟΝΕΝ
///JΟΤΔΜΙΔ
ΟΤΟΥΚΛΥC

82. Verkehrt in die Mauer des *mesgid el-kebír* eingesetzt.

///ΟΝΔΛΔΜΒΔ
ΝϾΙΝΤΔΔΦΩΡΙϹ
Μ///ΝΔΔΥΤΩΚΔ
ΤΔΤΟΑΡΧΔΙΟΝ
ΕΘΟCΥΠΕΡΔΝΝΩ
ΝΩΝΚΑΙΕΛΠΙΤΙ
ΕϜΤΟΥΔΗΜΟ
ΕϹΟΥϜΔΙΕΚΤ

83. In der Mauer des *Mesgid el-kebír*. Nicht mehr am ursprünglichen Platze; vgl. Seetzen, Reisen Bd. I. p. 69 (C. I. G. 8798).

> ΕΞΟΙΑϹΔΗΤ
> ΤΕΔΙΤΙΔϹΛΔΗ
> ΒΑΝΕΙΝ (leerer Raum)
> ѠϹΤΕΕΚΑϹΤΟΝ
> ΤѠΝΔΟΥΚΙΚѠΝ
> ΚΔΙϹΚΡΙΝΙΔΡΙѠΝ

84. Ebendaselbst. Nicht am ursprünglichen Platze. Vgl. Seetzen I. p. 69.

> ΗΔΤΡΙΞΙΝΟΡΔΡ
> ΝΔΙΙΟΝΟΝΔΦΥΛΑΤ
> ΤΕΙΝΚΑΙΗΗΔΕΝΔ
> ΒΑΘΗΟΝΗΝΥΝ
> ΗΜΕΤΔΤΔΥΤΔΕΝ
> ..ΛΛΤΤΕΙΝΠΔ

85. Ebendaselbst. Nicht am ursprünglichen Platze. Vgl. Seetzen I. p. 69.

> ..ΙΗΝΔΞΙΝ
> ΤΗϹΗΔΤΡΙΚΟϹ
> ѠϹΤΕΤΔΠΡΑΚ
> ΤΙΑΤѠΝΔΟΥΚΙ
> ΚѠΝΜΗΚΕΤΙΠΙ
> ΠΡΔϹΚΕϹΘΔΙΔΛ
> ΛΔΚΔΤΔΒΔΘΗΟΝ
> ΑΝΥΕϹΘΔΙΟΥΤѠ

Daß die n. 81-85 zu einer und derselben Urkunde gehören, ist bereits oben zu n. 65-68 bemerkt worden. N. 82 bildet die unmittelbare Fortsetzung zu n. 83: ἐξ ὧνς ὅηπ[ο]τε αἰτίας λαυ[β]άνωσ]. ὥστε ἕκαστον | τῶν δουλικῶν | καὶ σπρι-νωρίων [μ]ετα λαμβά|νειν τὰ ἀφαιρισμ[ί]να αὐτῷ κα|τὰ τὸ ἀρχαῖον | ἔϑος ὑπὲρ ἀννωνῶν καὶ κ[α]πιτι (vielleicht nicht zu ändernder lateinischer Genetiv; vgl. C. Th. 4, 17 *unnonas et capitum consequi* und oft = Kost und Fourage) | ἐκ τοῦ δημο[σίο]υ καὶ ἐκ το[ῦ - - N. 84. Z. 1-2 steckt in ΟΡΔΙΝΑΙΙΟΝΟΝΑ vielleicht ΟΡΔΙΝΑΤΙѠΝΑ *ordinationem*. Z. 5-6 ἐν[αλ]λ[ά]ττειν. N. 85. Z. 1 [τ]ὴν [τά]ξιν. Was mit der Ablieferung κατὰ βαϑμόν, *per gradus*, die den Gegensatz zum Verkauf bildet, gemeint sei, ist schwer zu sagen.

86. Auf einer vorstehenden Mauer der östlichen Zinne (Terrasse) des Kastells, verkehrt in einen spätern Bau eingesetzt. Der Stein (resp. die Inschrift) ist auf allen vier Seiten abgehauen, um ihn zwischen zwei Bogen einzupassen. ///_ΦΙΑΟ JIMIALvωΦIΛOXIII///OιHMω ΔΕΓΠΟΤΟΥΙΟΥLΤΙΝΙΔΝΟΥΑΝΥΕΘΔΙΑΙωΑ ΔΠωΜΗΤΡΠSΕΚΤΙCΘΗΛΙΑΔΟΥCΑΡΙΟΥΚ ΙΟΡΙΟΥΠΡΟΝΝΧΡΥCΟΧΠΡΟΡΛΠΑΡΟΤ +/////ΔΗΜωΤ ʃΕΤΟΥCΥΛΔ+

Man erkennt etwa Ἐκ φιλετιμίας τοῦ φιλοχρίστου ἡμῶν | δεσπότου Ἰουστινιανοῦ Αὐγούσ[του - - - | ἁγιω(τάτης) μητροπ(όλεως) ἐκτίσθη διὰ Δουσαρίου κ[αὶ Μα]ιωρίου προν(οητῶν?) - - - | - - ἔτους υλδ (539 n. Chr.).

87. Auf dem Triumphbogen in Boʃrá. Die Inschrift steht auf zwei Steinen, von denen der zweite unmittelbar unter dem ersten steht, so daß beide Stücke zusammen als eine Inschrift anzusehen sind.

a.

IVLIO IVLIANOVEᴗᴗᴌNAR
PRAEF LEGI PARTHICAE
PHILIPPIANAE DVCI DEVOTIS
SIMO TREBICIVS CAVOINVS

b.

PRAEF. ALAE NOVAE FIRME
CATAFRACT:PHILIPPIME
PRAEPOSITO:OPTIMO

88. Eine halbe Stunde nördlich von Boʃrá liegt die Zédi-Brücke, welche über den Zédi führt, der dort Wddi ed-dʃheb (Goldfluß, Chrysorrhoas) heißt. Die Brücke hat drei grofse und einen kleinen Bogen; auf dem kleinen die Inschrift, die nicht an ihrem ursprünglichen Platze steht.

ΚΑΛΛΟCΕΜΟΝΕΟΔΕΤΕΥＸΕΓΕΛΑCΙΟCωCΠΕΡΟΡΑΤΕ
ΨΥΧΗCΗΔΕΚΑΚωΝΛΥΤΗΡΙΟΝΟΦΡΑΠΕΛΟΙΤΟ
ΤΟΙΧΟΥΕΗΔΕΘCΜΕΘΛΑΚΑΙΕΥΚΑΘΥΠCΙΘCΗΕΡΕΨΑC
ΛωCΙΟΕΟΥΑΓΙΟΥΒΟCΤΡΗＴΙΕᴘΙ///////////ΟΝΤΟC

Κάλλος ἐμὸν (τ)όδε τεῦξε Γελάσιος, ὥσπερ ὁρᾶτε,
ψυχῆς ἠδὲ κακῶν λυτήριον ὄφρα πέλοιτο,
τοίχου εὖ(ς) ἠδὲ Ꙅ(έ)μεϑλα καὶ εὖ καꙅύπ(ερ)Ꙅ(ιν) ἐρέψας
[Δ]μσι[Ꙅ]έου ἁγίου Βόστρης ἱερ[ητεύ]οντος.

Dorf *Mu'arrabd*, eine und eine halbe Stunde nordwestlich von *Boṣrd*.

89. In der Moschee, nicht mehr am ursprünglichen Platze, eingemauert.

	ΕΚΠΡΟΝΟΙΑCΚΟΡΝΗΛ	Ἐκ προνοίας Κορνηλ…
ΕΥΤΥ	ΓΕΑΝΟΥΠΙCΤѠΝΚΑΙΓΕ	…ανου πιστῶν καὶ Γε….
ΧΙΤΕ	ΕΥΝΟΜΟΥΚΑCΙΟΥ ΤΡΟΝϹ	Εὐνόμου Κασίου προνο[ητῶν?…..ὁ]
	ΚΟΙΝΟϹⱯΙΚΟCΕΜΕΤΙCΛΛΔ	κοινὸς οἶκος ἐ[ν] ἔτι σλα (336 n. Chr.)--
		Εὐτυχῆτι.

Dorf *Sahwe*, eine und eine halbe Stunde nordwestlich von *Mu'arrabd*; zum Unterschiede von gleichnamigen Ortschaften auch *Sahwet el-Qamḥ* („das weizenreiche *Sahwe*") genannt.

90. An der äufsern Wand eines gewöhnlichen Hauses. Nicht mehr am ursprünglichen Platze und schwer zu lesen, weil flüchtig eingegraben.

ΟΕΥΗΡΟΟΑⱯΙΑΡΟΥΗΝΚΤΙΟΑΟ
ΤΟΥΤΟΤΟΜΝΗΜΙΟΝΕΝΤѠ
ΚΟΠѠΔΥΤΟΥΚΑΙΙΝΟΟΟΤΟΥ
ΤΟΥΔΔΕΛΦΟΟΕΛΥΓΕΝΔΥ
ΤΟΚΔΙΕΚΤΙΟΕΝΙΟΔΙΔΝΗΛѠΘΕΝ
ΝΡΑΚΑΙΤΟΥΤΟΔΙΔΦΕΡΙΤΟΙΟΤΕΤѠΟ
ΟΙΡΟΥ

Σευῆρος Ἀ[Ϛ]ιάρου ἦν κτίσας | τοῦτο τὸ μνημεῖον ἐν τῷ | κόπῳ αὐτοῦ καὶ Ἴνες ὁ τού̓του ἀδελφὸς ἔλυ[σ]εν αὐ|τὸ καὶ ἔκτισεν καὶ ἀνήλωσεν | … καὶ τοῦτο διαφέρι τοῖς τ[έκνοι]ς Ἴνου (?).

Dorf *el-Muslfire*, zwischen *Sahwe* und *Noʻéme*.

91. Hoch oben an einem Hause und mit Noth unterscheidbar; steht nicht am ursprünglichen Platze.

⫻ΛΙΟΕΠΟΗΟΕΝΤΟΝ	… πό]λις ἐποίησεν τὸν
ΟΥΚΙΟΥΟΕΟΥΙΙΡΟΥ	…. Λ]ουκίου Σεουήρου
ΟΙΔΙΔΕΠΙΜΕΛΗΓѠΝ	…. διὰ ἐπιμελη[τ]ῶν
ΥΑΝΔΜΟΥΝΔΕΛΗΛΟΥ	…. ο]υ Ἀν[ά]μου [Τανν]ήλου
ΔΙΟΥΜΔΙΟΥΒΔ ШΟΥ	….. μ[α]ίου Βάμου (?)
ΝѠΘΟΥΘΘΜΟΔΟΙΟΑ	….. ν[α]Ϛου Θ[ί]μου - - -
ΟΥΟΤΑΟΟΥΜΑΝΟΥ	….. ουέ[υ] Ἀσευμάνου.

F 2

Stadt *Edre'dt* (*Adraha*, 'Αδρα̃), das biblische *Edre'l*

92. Über einer Säule in der grofsen Gebetshalle (*Ruwâq*). Diese
Halle besteht aus einigen achtzig Säulen, und wurde aus altem Material im
Jahre 650 arabischer Aera von dem Fürsten (*emîr*) *Nâṣir ed-dîn 'Otmân*
auf Befehl des syro-aegyptischen Königs *Saladin* gebaut.

ΕΙϹΕΛΘ	Εἰτελϑ-
ΕΕΠΑ	ε ἰϰ' ά-
ΓΑΘW	γαϑῷ.

93. Ebendaselbst über einer andern Säule. Die Inschrift steht auf
einem Quadersteine, der mit anderem antiken Material die Bogen bildet,
welche die Säulen verbinden.

ΕΥΤΥ	Εὐτυ-
ΧWCϜⲎ	χῶς τῇ
ΠΟΛΙ	πόλι.

Dorf *Ghara*, im *Zedi*-Thale, eine Stunde südlich von *Edre'dt*.
94. Das Bruchstück lag vor einem Hause.

ΤΑΥΡ	Ταυρ[ῖ]-
ΝΟϹ	νος
ϹΑΟΥ	Σαού-
ΔΟΥ	δου
ΕΤ	ἐτ(ῶν) - -

Westlich von *Edre'dt* liegt ein gröfseres Gebäude, eine Art Mausoleum, welches die „Rubestätte der 40 Blutzeugen von *Edre'dt*" heifst.
Hundert Schritte östlich davon liegt ein Hügel von Säulen, Capitälern und
anderem guten Baumaterial. Daran stöfst eine antike Necropolis, in der
man eine Menge griechische Grabschriften ausgraben könnte, wenn man von
der Pietät der Bewohner der Stadt nicht daran gehindert würde. Die folgenden drei sind dort copirt worden.

95.

Ο///////ⲎⲈ	- - -
ΗⲨΟϹ	μος
ⲨΟΕΑ	Μεσα-
ΑΟΥ	άου
ϹΤ	[ἐ]τ(ῶν)
ⱫϹ	ξ[ς].

96.

```
OYAΛEN
TINOC
NECTO
POCET
   K
```

Οὐαλεν-
τῖνος
Νέστο-
ρος ἐτ(ῶν)
π.

97.

```
OYN
EYN
AΘH
```

Οὐν-
ευ-
ἀῶη.

98. Im Innern eines Hauses (*Edre'di*); nicht mehr am ursprüngl. Platze.

```
OCTEATI
ZEINHCTΔ
ΔEPKEoTW
ΔEIVITYⳢBW
CIΛOYANOY
ⳢEΛEOYNYΔ
NATIYAKAIHC
ΠONTOCKAI
ΓAIΔACCAN
TOMEKAⱵ
ⳢΓATONΠYI
ⳢⳢΓTOPYΔWI
```

Ὀστέα [ἐπὶ]
[ξ]ύνης τ[άδε]
δέρκεο τῷ-
δ᾽ ἐνὶ τύμβῳ. |
Σιλουανοῦ
μελίου [λί]ψ[α]-
να [π]υ[ρ]καιῆς.
πόντος καὶ
γαῖα διέσσαν-
τό με καὶ τρ-
[ίτ]ατον πῦ[ρ] |
- - - ὕδω[ρ - - - -

Die folgenden 2 Grabschriften wurden auf der Necropolis copirt,
welche bei dem Grabmale des *Negm ed-din el-Edre'dii* liegt.

99.

```
ⱭHNO
ΔWPO
CBAN
AΘOΨ
CTΛB
```

100.

```
ⳢAPA
ZEXHC
AⳢPAI
OYBOY
ΛEYTH
ETN
```

Ζην[ό]δωρο[ς] Βαυ᾽άϑο[υ] | [ἐ]τ(ῶν) λϑ.

Μαρα[ξ]έχης | Ἀμραίου βουλευτή[ς]· |
ἐτ(ῶν) ν.

Dorf *Kutébe*, eine halbe Stunde von der großen Ortschaft *Chirbet el-Ghasdle* entfernt, nördlich von *Edre'dt*.

101. Im Hause des Orts-Scheichs *Gebr*. Der Stein dient als Bank zum Sitzen.

+EKTICΘ	HHATΓ	Ἐκτίσθη ἡ ἁ[γί]-
ΔΕΚΛΕ	ΕΙΑΠΡ	α ἐκλε[σ]ία πρ-
ΟΝΟΙ	ΔΕϹΑΛΑ	ονοί[ᾳ] 'Εσαλα-
ΜΑΝοΥ	ΠΡΕϹΒΙ	μάνου πρεσβ(υτέρου)
ΧΡΟΝΙΝ	ΕΤΛΥο+	χρόν(οις) [Indiction] ἐτ(ους) υ̅σ̅

(mutbmaßlich 575 n. Chr.).

Ortschaft *Ndchtte*, eine Stunde nordöstlich vom Kloster *Salt* bei *Kutébe*.

102. An einem Hause, nicht am ursprünglichen Platze, eingemauert.

ΦΛΜΑΞΙΜΟCωΡΔΙΝΑΡΙΟ	ΚС
CΕΞΙΔωΝΙΚΑΜ////////ωΝΕΚΤ	СΑ
ΙCΕΝΤΟΜΝ////////ΙΟΝ////ΙΤΟCΠΙΚΙ	Ρ
ΙΙΕΝΟΝΠ C.////ΤΕΡωΙΙΛΕ/////////Π	ΤС
ΑΤΙΙ Κ/////ΙCΤΑΝ/////Υ/////////Ο	Λ̅
ΥC////////Υ ////Η Ι/////ΙΟΥ////ΙΝΙΟΥ	

Φλ. Μάξιμος ὡρδινάριος ἐξ ἰδ[ί]ων κ[α]μ[άτ]ων ἔκτισεν τὸ μν[ημε]ῖον [κα]ὶ τὸ(ν) [ἐ]πικεί]μενον π[εριτ]τερ[ε]ῶ[να - - -

Ortschaft *Dúr*, am Westrande des *Legd*-Plateaus.

103. Über einer Hausthüre, nicht am ursprünglichen Platze und stark verwittert.

+ ΒΑΡΟCΒΥΡΙΛΔ8ΝΑΗΘΥΝΛΛΟΙ///ΑΥΤ8ΥΙ8ΕΙΞΙΟ
ΔΙωΝΚοΠωΝΕΚΤΙCΑΝΤΟΝ////ΝΛΟΝΤ///Υ
ΑΓΙ8ΛΕΟΝΤΙ8ΕΝΕΤΙΥΞΙΝΔ /////////////////////

Οὔαρος [Κ]υρίλλου [κ]ηὶ [Κ]ύ[ρι]λλο[ς ὁ] αὐτοῦ υἱ[ός] ἐξ ἰ,δίων κόπων ἔκτισαν τὸν σ[α]ὸν τ[ο]ῦ | ἀγίου Λεοντίου ἐν ἔτι υ̅ξ̅ ἰνδ....(563 n. Chr.).

104. Verkehrt über einer Hausthüre.

//////////////////// ΟΑΡΟ|
//ΟΝΠΟΥhΡΟⅥ|
////// ϹΕΒΕΥϹΕΒ	

Z. 3 vielleicht Σ(ε)ουήρου.

105. An der Außenseite eines grofsen sehr verwüsteten Gebäudes, das man die „Seiden-Niederlage (*Chán el-harir*)" nennt. Um diese Inschrift zu copiren, mußte man sich mit einem Seile die Wand hinaufziehen lassen.

```
BIAPOCANEOYKTICENTOMNHMI///
EΞIΔIⱲNKAMATⱲNTEΛECAC
MHΔENOCAYTⱲTⱲNΠPOC
HKONTⱲNCYNBAΛΛOME          NⱲ
ENX PHMACINMHΔ𝗋NΔEΞOYⱯ
AZINTOYKTHATO𝒢
ΠAPOΔITEECMENΠANTEC
TOYBIOYKAΘYMAIHMEΘAKAI
```

Βίαρος Ἀνέυ [ἐ]κτισεν τὸ μνημῖ[ον] | ἐξ ἰδίων καμάτων τελέτας | μηδινὸς αὐτῷ τῶν προσ|ηκόντων συνβαλλομένω (= συ) | ἐν χρήμασιν. μηδέν[α] ἐξουσιάζω τοῦ ... ατος. | Παροδῖτέ ἐσμεν πάντες | τοῦ βίου κα[ὶ λ]ῦμαι(?) ἤμεϑα καὶ - - -

Negrán, Stadt im südlichen *Legá*-Plateau.

106. Am östlichen Thurme der Moschee, aber nicht mehr am ursprünglichen Orte.

```
HCEPΓIOCCAMAAΘϑIⱲ     ΑΓΑΘ    NOPEPAΘHC
COBOP      HNⱲNEΞI    HTYXH   ΔIOINEKTI
NAONT      BAΓIȢHΛΛ  ///YΘHΘ  AENETIYNH
                        OI      ⱲN.I
```

Ἀγαϑῇ τύχῃ - - . Σέργιος Σαμεάϑου [καὶ] Νορερμάϑης | - - - Σαβερηνῶν ἐξ ἰδίων ἐκτί[σαν τὸν] | [ναὸν τοῦ ἁγίου Ἡλία ἐν ἔτι ὑπη .. (vermuthlich 563 n. Chr.).

107. Auf einem verschütteten Portale der Souterrains in den Ruinen der östlichen Stadt.

```
ETOYC𝛔𝖪AI      ⌐  ⌐ONHI
       NOY
ⱲKOΔⱲMhCANΛΛΛNEINI𝗋
NOIΠATPIKⱲₒEⱲI·IPAKΛEI
```

Ἔτους (Kaiserjahr) | ὑποδόμησαν Μανυ[η]|νοὶ (vgl. οἱ ἀπὸ φυλῆς Μανηνῶν C. I. G. 4578b, von einem Stein desselben Ortes) π[α]τρικῷ [Θ]εῷ Ἡρ[α]κλεῖ

Städtchen *Harrân* in der *Legd.*

108. Über dem Portale eines stattlichen Gebäudes, aber nicht an dessen Aufsenseite, sondern an der nach innen gekehrten Seite steht die erste Hälfte (*a*) der folgenden Inschrift, die andere Hälfte (*b*) liegt abgebrochen auf der Erde.

a.   *b.*

KYPIAAΘHNAAYPHΛIOITEPEN   TIANOCKAIϵ

[Τῇ] κυρίᾳ Ἀθηνᾷ Αὐρήλιο[ς] Τερεντιανὸς καὶ - -   Vgl. n. 16.

109. In derselben Ruine; es scheint ursprünglich der Architrav des Hauptportals gewesen zu sein, jetzt ist es die Unterschwelle desselben, und es ist zu vermuthen, dafs man diese Änderung machte zur Zeit, als man den Tempel in eine Kirche verwandelte. Die Oberschwelle bildet jetzt die folgende (No. 110) Inschrift.

YΠEPCWTHPIACTWNKYPIWNK
CEΠCEOYHPOYKAIANTWNEINOY
K///////////////////YIWNAYTOY////IOYΔON
N////ΘBETOYCIZ////////////HTIANOY
//////////CEBB   TE////////////////////MEC
CENΔIA//YCOYΛΛN///////////////////////

Z. 3 zu Anfang ist der Name des Geta absichtlich getilgt. Die Inschrift gehört zwischen die Jahre 196, in welchem Caracalla den Namen M. Aurelius Antoninus erhielt, und 211, das Todesjahr des Severus. In diese Zeit fällt das 17. Regierungsjahr desselben (209), welches Z. 4 gemeint zu sein scheint.

110. Siehe n. 109. Es ist die einzige Inschrift, auf welcher das Griechische zugleich mit einer semitischen Übersetzung(?) vorkommt.

///CAPAHΛOCTAΛEΛΗϚΦὶϽͿ   ۱ سر حدر در كلمو للد۱۵
ΦYΛAPXϚEKTICENTOMAPTS   ٮسم۵حمد معلم بللم ۷ سللم

TͷΔΓΙΝΙϢANNϽINΛSATΒETͷCVȝΓⳐΝHCΘIEOΓPAⳐAC✝

Σαράπλος Ταλίμου - - | φύλαρχ(ος) ἔκτισεν τὸ μαρτ(ύριον) | τοῦ ἁγίου Ἰωάννου ἰνδ. ā τοῦ ἔτους υξγ. μηνϜΞ[ῥ] ὁ γράψας. Vom Jahre 668 unserer Zeitrechnung.

111. Über dem Portale einer der vorhergenannten benachbarten Ruine. Die Inschrift steht an ihrer ursprünglichen Stelle.

```
      ΑΝΤΙΠΟΛΛΗΣΕΥΧΑΡΙΣΤΙΑΣ
ΝωΝ   ΚΕΜΝΗΜΗΣΠΡΟΝΟΙΑΜΑΞΙΗΟΥΟΓΕΖΟΥ
ΙΝΔ   ΚΑΙΗΑΨΙΧΑΘΟΥΚΕΑΜΕΡΟΥΚΕΠΡΙΣΚΟΥ
Τ     ΔΙΟΙΚΗΤωΝΕΤΕΛΕΣΘΗΤΟΔΗΝΟΣΙΟΝ
      ΠΑΝΔΟΧΙΟΝΕΤΟΥΣΣϞΒΤΗΣΒΟΣΠϞΗ
```

Ἀντὶ πολλῆς εὐχαριστίας | κὲ μνήμης προνοίᾳ Μαξίμου Ὀγέζου | καὶ Μα[λ]ιχιάθου κὲ Ἀμέρου κὲ Πρίσκου διοικητῶν ἐτελέσθη τὸ δη[μ]όσιον | πανδοχῖον ἔτους σϞβ τῆς Βοσ[τ]ρη|νῶν ἰνδ. ī. Vom Jahre 397 n. Chr.

112. Über einem Fenster, welches sich oberhalb des vorher (N. 111) genannten Portales befindet.

```
ΔΑΠΕΥΧΑΡΙΣΤΙΑΣΚΑΙΜΝΗΜΗΣ
ΠΡΟΝΟΓΟΡΕΠΟΥΑΥΜΟΥΚΕΟΔΑΡΔ
ΝΝΒΛΣΟΥΚΔΑΜΕΡΟΥΟΥΑΒΗΛΟΥ
ΚΑΙΑΝΑΜΟΥΜΑΡΚΙΑΝΟΥΔΙΟΙΚΗ
ΤωΝΕΥΕΛΕΣΘΗΤΟΚΟΙΝΟΝΠΟΛΙΝ
ΔΟΧΙοΝΙΙΥΔΙΑΕΤΟΥΣΣΡΒΤΗΣΕΠΑΡΧΙΟΥ
```

Ἀ[ντὶ] εὐχαριστίας καὶ μνήμης | προνο[ίᾳ] Ῥέπου Αὔμου κὲ Ὀδαρα |---β[ά]σου κα[ὶ] Ἀμέρου Οὐαβήλου | καὶ Ἀνάμου Μαρκιανοῦ διοικη|τῶν ἐ[τ]ελέσθη τὸ κοινὸν π[α]ν| δοχῖον ἰνδ. ῑα ἔτους σ[ϟ]β τῆς ἐπαρχ[ίας]. Von demselben Jahre.

Ortschaft *el-Grên*, eine Stunde von *Harrân*. Verödet.

113. An der Außenseite einer muthmaßlichen Kirche; doch ist die Inschrift nicht an ihrer ursprünglichen Stelle.

```
ΙΙΙΤΟΚΥΝΟΝΓΡΑΙΝΗΣ      ΜΑΞΙΜΟΣΓ
ΒΕΡΝΙΚΙΑΝΟΟΥΛΛΛΛ        ΒΕΡΝΙΚΙΑΝ
ΑΧΟΥΣΑΜωΝΕΙΣΕ     ΟΥ    ΑΜΕΡΟΣΑ
ΝΙΔΡΟΣΗΡΟΔΟΥ           ΠΡΟΚΛΟ
ΑΡΔΟΣΟΥΙΤΑΛΙΟΥ          ΣΥΜΑΧΟΣ
```

Τὸ κυρὸν Γραίης
Βερνικιανὸ[ς--
Ἀχουσαμὼν Εἰσίου
Νί[γ]ρος Ἡρ[ψ́]δου
Ἄρδος Οὐιταλίου

Μάξιμος Γ----
Βερνικιαν[ὸς----
Ἄμερος Ἀ----
Πρόκλο[ς----
Σύμ[α]χος----

Abhandlungen der philos.-histor. Kl. 1863. Nr. 5.
G

114. Auf einem Architrav, der in der Nähe der Kirche auf einem Trümmerhaufen liegt.

ΕΤΟΥϹΙΙΑΚΥΡΙΟΥ
ΤΟΚΙΟΙΝΟΝΑΓΡΑΙΝΗΟΕΠϹΙΗϹΕΝΘΩΑΥΜΟΥΔΙΑΑΥΡΙΙΙ
ΠΛΑΤΩΝΟϹΒΑΡΒΑΡΟΥΓΙΓΑΠΟΥΝΟΥΧΑΙΡΑΝΟΙΙΙΙΙΙΙΙΙΙ
ΙΕΡΟΤΑΜΕΩΝ

Ἔτους ῑα κυρίου [Καίσαρος Ἀλεξάνδρου] | τὸ κοινὸν Ἀγραίνη[ς] ἐπ[οί]ησεν Θωαύμου διὰ Αὐρ. | Πλάτωνος Βαρβάρου [καὶ Κ]ατούνου Χαιράνο[υ] | ἱεροταμ[ι]ῶν. Der Name des Kaisers ist absichtlich zerstört und aus n. 116 zu ergänzen. Das elfte Jahr seiner Regierung trifft auf 232 nach Chr. Θκαύμου oder Θρωαύμου n. 116 scheint Name einer Gottheit.

115. Im Innern der Kirche. Die Inschrift steht an einer Seite des quadraten Unterbaues eines Bogens; nur das letzte Wort (ΠΙΠΑ) steht um die Ecke an der andern Seite des Quadrats.

ΤΟΚΡΙΝΟΝΚΩΜΗ   Τὸ κοινὸν κώμη-
ϹΑΓΡΑΙΝΗϹ   ς Ἀγραίνης
ΕΠΟΙΗϹΕΝΕ   ἐποίησεν ἐ-
ΠΙΔΕΛΙΑΦΙΛΙ   τιμελίᾳ Φιλί-
ΠΠΟΥΓΑΦΑΛΟΥ   ππου [Τ]αφάλου
ΚΑΙΤΙΒΕΡΝΟΥΑΓΥ ΠΙΠΑ   καὶ Τιβερ[ί]ου Ἀγ[ρίπ]πα.

116. Über einem Nebenportale desselben Gebäudes.

ΕΤΟΥϹΙΒΚΥΡΙΟΥΚΑΙϹΑΡΟϹ
ΑΛΕ ⁻ΔΙΙΡ ΥΤΟΚΥΝΟΝΑΓΡΑΙΝΗϹΕΠΥ
ΗϹΕΝΘΡΩΑΥΔΟΥΔΙΠΛΑΤΩΝΟϹ
ΚΑΙΑΒΟΥΝΟΥ

Ἔτους ῑβ (233 n. Chr.) κυρίου Καίσαρος - -| Ἀλε[ξ]ά[νδ]ρ[ο]υ τὸ κοινὸν Ἀγραίνης ἐπύ[η]σεν Θρωαύμου δι[ὰ] Πλάτωνος | καὶ Ἀβούνου. Die beabsichtigte Tilgung des Namens ist zufällig in unvollkommener Weise zur Ausführung gebracht.

117. In demselben Gebäude auf einem Bogenuntersetzer.

ΙΔΑΔΟϹ   Ἴδαμος
ΑΔΕΡΙΙΙΙΙ   Ἀμέρ[ου]
ΑΝΕΘΗΙ   ἀνέθη[κ]-
ΕΥΘΕΩΙΙΙ   εν Θεῳ -

Stadt *Dámá*, im Centrum der *Legá*. Verödet.

118. An einem Hause; scheint an seinem ursprünglichen Orte zu stehen.

```
        ЄΙСΟΘЄWСW
ΓΑ      ΒWΗΘΟΦΤΟΒЄΙ
ΔΡΑ     ΗЄΙСΤΗΝΟΙΚΟΔΟⅡΗΝ
ΘΗ      ΗΝΙЄΚЄΞΙΔΙΟΝΟΙΚΟΔΟⅡΗС      ЄΝ
        ΚΗΟΒΟΘЄСΑСЄΙСΤΗΝΟΙΚΟΔ      ΟⅡ
ΒΟΗ     ΘΗСΗΚЄСΤΟΥСΓΑⅡοΥС         ΗΝ
```

Εἰς ὁ Θεὸς ὁ | βοηθῶν Τοβαίῃ εἰς τὴν οἰκοδομήν, | ἥν[π]ε[ρ] ἐξ ἰδίων οἰκοδόμησεν· ἥν ὁ Βοθέτας εἰς τὴν οἰκοδομὴν βοηθήσῃ κ(ὶ) ἐν τοὺς γάμους. Γαδρέθα. Die Beziehung des letzten Namens zum Vorhergehenden ist nicht ganz deutlich.

119. Diese Inschrift steht über einem mit Weinlaub- und Trauben-sculptur ganz bedeckten Portale. Sie ist eine der äußerst seltenen, die nicht ein- sondern ausgehauen (d. h. erhaben) ist. Ich copirte sie auf den Schultern eines Menschen stehend. Sie ist schwer zu lesen.

```
ΑΟΗΝΑΙΗΚΤΡЬ
ΤΑΝΝΗΛΟС Ⅱ   ΘΗΚ
ΟΛΙΟΡΟΥΞΓΟΠΡ  ЄΝ
ΟΠΤΑΟΝΑΝЄ
```

Ἀ[Θ]ηνᾷ (τ)ῇ π[υ]ρ[ί-
ᾳ] Ἀντηλος Μ-
σαίρου [τ]ὸ πρ-
 όπ[υλ]ον ἀνέ-   Θηκεν.

Dorf *Mebná 'l-Bés*, in der *Legá*. Verödet.

120. In einer kleinen Kirche stand auf einem Bogen:

ΦΓΔΔΟΥСΔ   Γαδοῦ[ος] Σα-
ΒΑΟΥΠΡΟ   βάου προ-
СΦΟΡΑΤΟΝ   σφορᾷ τὸν
ΚΔΜΑΡΟΝ   κάμαρον
ΤΟΤΟΝ   τε[ῦ]τον - - -

121. Auf einem Opferstocke in derselben Kirche.

ΑΜЄΡ   Ἀμερ-
ΟССΟ   ος Σα-
ΛΥⅡΟΥ   λύμου
ЄΠΟЄ   ἐπό[η]-
СЄΝ   σεν.

G 2

Ortschaft *Rime*, in der südlichen *Legd*. Bewohnt.

122. Über einer Hausthüre, nicht mehr am ursprünglichen Orte.

IULIUS CAN
ΔIΔUS UETPA
NUS EXΔUP
LUAL. ΔPUM

123. Das Bruchstück ist als Mauerstein in ein Bauernhaus eingefügt.

/// ΕΤΟΥϹΓΙΚΥΡΟ
ΠΑΡΟΔΕΥϹΑΝΤΟϹ
ΚΩΜΗΤΩΝΥΠΟΓϹ

'Ετους γι κυρ[ί]ο[υ - -,
vielleicht des Alexander Severus.

Dorf *Murduk*, am nördlichen Abfalle des Haurangebirges; es hat viele Ruinen.

124. Die zwei Bruchstücke sind an verschiedenen Stellen in die Mauer eines neueren Hauses eingesetzt.

ΕΑΝΗΟΚΥΓ ΟϹΦΥΝΑ ΗΠΟΛΙΝ
ΕϹΜΑΤΗ ΥΓΗϹΕΝΟΦΥΛΑΘΩΝ

'Εὰν μὴ ὁ κύρ[ι]ος φυ[λ]άξῃ πόλιν, | εἰς μάτη[ν ἠγρ]ύπνησεν ὁ φυλάσσων. Psalm 127, 1.

125. Über der Hausthüre der Scheich-Wohnung. Die Inschrift ist von einem Kranze umgeben. Nicht mehr am ursprünglichen Orte.

ΖΕΥΑΝΙ
ΚΗΤΕΥΥΟΥ
ΟΥΡΑΝΙΝ
ΤΟΝΕΥ
ϹΕΒΗΝ

Ζεῦ ἀνί-
κητε, ὕψου
οὐράνιν
τὸν εὐ-
σεβῆν.

Stadt *Schaqqā* im Osten der *Legd*. Bewohnt.

126. Über einem Bauernhause, nicht mehr an der ursprünglichen Stelle.

ΑΝΟΥΝΟϹ
ΟΥΡΟΥΠΕ
ΤΡΑΙΟϹ

'Ανούνος
Ούρου Πε-
τραίος.

127. An der Wand eines Bauernhauses (der Besitzer heifst *Abd negm*). Scheint vollständig zu sein.

ᴗANAⱵOCKAICAΛAⱵΛANHᵀK
ΛΙΟΔΕΝΑΘΗΚΝΘΑⱵΙΑΡΗΓΥΝΕΚῳ
⫶ΝΥΚῳΝΟСΕСΟΥΤΟⱵΝΗⱵΑ

[Σ]άναμος καὶ Σαλαμάνης κ.
αἰ 'Οδνάϑη κ[αἰ] Θαμάρη γυνῖκ[ες]
[α]ὐ[τ]ῶν [ἔκτισαν] τὸ μνῆμα

128. An demselben Hause. Über der Schrift scheint Sculptur gewesen zu sein.

ΧΑΙΛΟСΖΑΒΔΟΥΕΥСΕΒῳΝΕჳΙΔΙῳΝ
ΤΗΝΠΥΛΗΝΑΝΗΓΕΙΟΕΝΔΙΙⱵΕᴴСΤῳ

Χαῖλος Ζάβδου εὐσεβῶν ἐξ ἰδίων | τὴν πύλην ἀνήγε[ρ]εν Διὶ μεγίστῳ.

129. Die drei folgenden Inschriften stehen an ihrer ursprünglichen Stelle, einem Mausoleum, ¼ Stunde aufserhalb der Stadt (gegen Norden). Das Mausoleum ist wie meistens im *Haurân* ein niedriges viereckiges Gebäude mit einer Thüre ohne Fenster. Die drei Inschriften sind in einer Reihe an der südlichen Seite des Gebäudes in die Mauer gefügt. Sie standen hoch genug, um das Lesen etwas zu erschweren.

a.

ΒΑССΟСΕΗСΠΑΤΡΗСΝΕΓΑΚΥΔΕΟС
ΑΓΛΑΟΝΟΜΗΑ⁻ΕΚСΦΕΤΕΡΟΥΚΑ
ΜΑΤΟΙΟΓΕῳΠΟΝΙΗСΤΕΗСΔΕΙ
ΗΕΝ⁻ΟΙΤΑΥΤῳΙΠΑΙΔΕССΙΘΟ
ΗῳСΚΕΔΝΗΤΕΓΥΝΑΙΚΙ⁻ΗΝΗΗ⁻
ΑΓΑΝΟΝΒΟΥΛΑΙСΙΔΛΕΙΖῳΟΙΟΘΕΟΙΟ
ΓΗΡΑΛΕΟΥСΠΑΝΤΑСΜΑΛΑΔΕჳΟ
ΗΑΙ⁻ΕΥΤΑΝΕΚΑСΤΟС⁻ΤΕΡΗΑΠΟ
ΤΙСΦΕΤΕΡΟΝΒΙΟΤΗСΠΕΠΡῳΗΕ
ΝΟΝΕΛΘΗ⁻ΕΥΤΥΧΙΒΑССΕ⸺
ΕᵀΕΛΕСΘΗΕΤΟΥСΤΗСΠΟΛ⁻ΟΑ

Βάσσος ἧς πάτρης μεγακύδεος ἀγλαὸν ὄμμα
ἐκ σφετέρου καμάτοιο γεωπονίης τέ μ' ἰδαμεν
οἵ τ' αὐτῷ παῖδεσσί ϑ' ὁμῶς κεδνή τε γυναικί
μνῆμ' ἀγανόν· Βουλαῖσι δ' ἀειζώοιο Θεοῖο
γηραλέους πάντας μάλα δέξομαι, εὖτ' ἂν ἕκαστος
τέρμα ποτὶ σφέτερον βιοτῆς πεπρωμένον ἔλϑη.

Εὐτύχι, Βάσσε. ἐτελέσϑη ἔτους τῆς πόλ(εως) ϻ (vielleicht 176 a. Chr.).

ΑΥΤѠΚΑΙΤΕΚΕΕCΙΚΑΙΗΠΙ
ΝΥΤΗΔΕΓΥΝΑΙΚΙ⁻ΙΞΙΔΙѠΝ
ΚΤΕΑΝѠΝΠΟΛΛΑΠΟΝΗCΑ
ΜΕΝΟC⁻ΒΑCCΟCΤ.ΥΜΒΟΝΕ
ΤΕΥΞΕΝΕΒΙCΘΕΝΕCΕΡΜΑΠΟ
ΛΗΟC⁻ΟΝΒΑΘΥΓΗΡΑCΕΛΟΙ
ΤΕΚΝΑΤΕΓΗΘΟΜΕΝΟΝ⁻ΑΥ
ΤΑΡΥΠΕΡΘΕΝΕΙΟΠΕΝΑ
CΙΚΑΛΟΝΕΔΕΙΜΕΝ⁻ΚΟCΜΟΥ
ΤΗΛΕΦΑΝΗΠΥΡΓΟΝΑΡΙΠΡΕ
ΠΕΟC—

Αὐτῷ καὶ τεκίεσσι καὶ ᾗ ταυτῇ μι γυναικί
ἐξ ἰδίων κτεάνων ταλλὰ ποιησάμενος
Βάσσος τύμβον ἔτυξεν, ἐρισθενὲς ἕρμα τόλμος,
ὃν βαθὺ γῆρας ἕλοι τέκνα τε γηθόμενον.
αὐτὰρ ὕπερθεν ἰ[μ]ϊὸ πο[λι]άσι καλὸν ἔδειμεν
κόσμου τηλιφανῆ πύργον ἀριπρετέος.

Vgl. n. 102.

c.

ΒΑCCΟCΑΒΟΥΡΙΟΙΟΠΟΝΗCΑ
ΤΟΤΟΙCΑΓΑΘΟΙCΜΕΝ⁻ΧΑΡ
ΜΑΤΑΤΟΙCΔΕΚΑΚΟΙCΕΥΡΗ
ΜΕΝΟCΟΔΥΝΑC⁻ΑΛΛΑ
ΜΙΝΠΑΙΔΑCΤΕΕΟΥCΚΑΙΑΙ
ΔΟΙΗΝΠΑΡΑΚΟΙΤΙΝ⁻ΔΕΧΕ
ΟΓΗΡΑCΗΝΤΟCΕΛΛѠCΠΟ
ΤΝΙΑΝΥΜΦΗ⁻ΚΑΙΥΥΧΑC
ΠΡΟΥΠΕΜΠΕΟΘΙΞΘΝΘΟCΡΑ
ΔΑΜΑΝΘΥC⁻ΧΜΓ⁻ЧΘ⁻

Βάσσος Ἀβουρίοιο πενήσατο τοῖς ἀγαθοῖς μὲν
χάρματα, τοῖς δὲ κακοῖς εὑρ[α]μενος? ἰδίτες.
ἀλλά μιν παῖδάς τε ἰοὺς καὶ αἰδοίην παράκοιτιν
δήχεο γηράσ[αν]τ[α]ς ἰ[ς] Ἀι[δου], πότνια νύμφη,
καὶ [ψ]υχὰς προύπεμπε, ὅθι ξ[α]νθὸς Ῥαδάμανθυς.

In diesen letzten Versen sinkt offenbar die Kraft des Verfassers oder seine Ausdauer und er macht sich vielfacher metrischer und sogar grammatischer (προύτεμπα) Verstöße schuldig. Was die hinter dem Schlusse folgenden Zeichen bedeuten mögen, ist schwer zu sagen.

C. I. G. 4598. 99. Die zweite ist von Burckhardt unvollständig, die dritte gar nicht abgeschrieben worden.

130. An einem Bauernhause als Mauerstein. Nicht an der ursprünglichen Stelle.

OBΛOΘOC   Ὅβλαθος
ΑΙΙCΡΛV-ΑY   Ἀμ[ί]ρ[ο]υ [ἱ]αυ-
TωΚ\ΙΤΕ   τῷ κ[α]ὶ τί-
ΚΝΟΙωΤΟΙΗCΕΝ   κνο{ς ἐκ]οίησεν.

131. Desgleichen.

TOBAI   Τοβαι-
AΘHBE   έθη Βί-
PPOY   ρρου.

132. Auf dem Dache eines Hauses. Nicht an der ursprünglichen Stelle.

ΤΛΤΝVΙΙΙΙΙΙ CΙΙΙVVΤΙCVC
BVNICIEPOIESTATISPATIIII
PRESTITVTORORPISNIM/

133. Über dem Fenster eines besseren antiken Gebäudes, wahrscheinlich am ursprünglichen Orte. Die beiden Inschriften stehen neben einander auf zwei Steinen.

a.

+COEΔ·ωCΚƆICABΔOC
ΤΕΚΝΔΙWΔΝOVMICΛCOV
ΕΚΤΙCΛΝΤΟCΤΔΒΛΟΝSTΕΡΙΚΛΙΝ
ONINΔ/ΓΕΤΟCΦΘ:Ν+

Σόεδως καὶ Σάβαις,
τίκνα Ἰωάνου Μιτάσου,
ἐκτισαν τὸ στάβλον (καὶ) τορίκλο-
ον ἰνδ. ϟ ἐτο[υ]ς ϕ..

b.

ΤΕΚΤΙCΛΝΔΠΟΙΝΟΝΧΡ
ΕΜΛΤΟΧΙΕΙΡΛΦΙΧΕ
ΡΙCΕΟΓΙΒΤΟΝΗΙCΒ
CΛΔΘΗCΕΡΛΦΛΕΠϞΤ
ΡΛΠΕVΠOC

Der zweite Stein verstattet in dem durch die Abschrift dargestellten Zustande keine zusammenhängende Lesung.

304

134. 135. Zwei Grabsteine, die unter den Trümmern eines Palastes vor der Stadt liegen.

ΑΝΟΥΝ	Ἀνοῦν-	ΑΟΥΕΙ	Ἀνυεί-
ΟϹΙΙΟΚ	ος Μοκ-	ΔΟϹ	δος
ΕΙΙΙΟΥ	είμου	ΡΛΒ	Ῥαβ-
ΕΤ	ἐτ(ῶν)	ΒΙ-ΙΛ	βήλ·
ΚΕ	κέ	ΟΥ	ο[υ]·

136. An der westlichen Mauer des genannten Gebäudes; stand auch ursprünglich dort.

ΙΙΑϹΑΧΟϹϹΑΥΕΙΟΥ   Μάσαχος Σαυείου
ΟΙΚΟΔΟΙΙΗϹΕΝ   οἰκοδόμησεν
ΚΑΤΕΥΧΗΝΤΕΚΝΩΝ   κατ᾽ εὐχὴν τέκνων.

137. Auf dem mit geschmackvoller Sculptur geschmückten Architrave des Portals dieses Gebäudes.

ΠΡΟΖΙΔΩΝ·ΙΙΑΡΠΕΠΤΩΚΕΝ
ΤΟΥΤΟΤΟΕΠΙϹΤΟΙΛΙΟΝΚΑΙΟΧ
ΛΟΥΓΕΝΟΙΙΕΝΟΥΤΗϹΚ
ΩΙΙΗϹΕΝΤΩΘΕΑΤΡΩ

Πρὸ ζ ἰδῶν Μαρ(τίων) τίπτακεν | τοῦτο τὸ ἐπιστούλιον καὶ ὄχ|λου γενομένου τῆς κ|ώμης ἐν τῷ θεάτρῳ. Doch schwerlich vollständig.

138. Im Innern der Stadt. An der Wand eines niedrigen Thurmes, der zu dem daneben liegenden Hause gehört.

ΠΡΕΙϹΚΟΥ   Πρείσκου
ΣΑΒΛΟΥ   Σαβάου.

139. An der Wand eines Privathauses aus antikem Material später eingesetzt.

ΑϹΠΟΛΟΥΗΔΕΤΕΑΓΝΟΥ	.... δικ]εσπόλου ἠδὲ τε ὑγνοῦ
ΟϹΑΡΙΠΡΕΠΕΟϹΚΑΙΑΚοϹΜο	... ἀνδρ]ὸς ἀριπρεπέος κα[τ]ὰ κόσμο(ν)
ΔΟϹΔΕΟΙΑΦΘΗΟΝΑΙΕΙ	.... δὸς δὲ οἱ ἀφθ[ιτ]ον αἰεὶ
ΙΜΑΛΑΚΑΙΠΟΛΕΙϹΑΛΛΑϹ	.... μάλα καὶ πόλεις ἄλλας
ΜΗϹΧΑΡΙΝΥΠΑΤΕΙΗϹΤΕ	... τει]μῆς χάριν ὑπατίης τε
ΟΥ⁻ΕΥΤΥΧΙΤΩΝΚΟΛΩΝΙΑ	.... ου. Εὐτυχίτω ἡ κολωνία.

Z. 6 kann das Ν in ΕΥΤΥΧΙΤΩΝ auch als Η gelesen werden. Daß Schaqqa Kolonie gewesen, scheint sonst nicht überliefert zu sein.

Nimre auf dem Haurangebirge, eine Stunde südwestlich von *Tafchá*. Es hat viele Spuren von römischem Alterthum.

140. Sehr schöne Inschrift, in die Mauer eines späteren Bauernhauses eingesetzt.

BΑCCOCCIΘPOY   Βάσσος Σίθρου,
YⲰNOCCOPOY   υἱωνὸς Σόρου
ΑCOYΑΔΑNOY   Ἀσουαδάνου,
OIKOΔOMHCEN   οἰκοδόμησεν
ΔIΑΘΑIMOYΓOMOY   διὰ Θαίμου Γόμου.

141. An dem Palaste der Badequelle (*qaṣr ain el-ḥammám*) am Abhange des *Wádí ain es-sahle* bei *Nimre*. Die Inschrift ist durchweg mit harten Licbenen bedeckt.

ΕΙΚΛΥΕCΕΝ////////////////ΤΗΙC///////////////POΤΕΤΟΙΟ//////////////ΠΙΙOΥ
ΤⲰΝΑΙΙOΚΘΙΙCΗΝοΥΤⲰΝΙΙOΤΕΓΕΙΝLΙΜΕΝΗΙ
ΜΙΛΙΟΝΗΔΕΤΥΧΗCΙΕΡΟΝΑΝΛΘΙΙΜΑΜΑΘΕΝΤⲰΝ
///ΚΕΝⲰΝΝCOΡΟCΗΔΗΝΘΕCΑΝΕΝΝΔΕΤΑΙ
ΑΝΤΕΥΕΡΓΕCΙΗCΡΓΑЩΑΡΗCΙΟΙΑΓΧΙΠΛⲰΝ
///ΛΛΔΜΙΝΕΚΓΑΙΗCΠΟΛΛΟΝΑΠΕΚΡΕΜΑCΕΝ
ΛCΙΨΑΝ\ΤΑΛΛΟΘΕΝΑΛΛΑΠΑΛΛΙΦΘΙΗΕΝⲰΝCΥΗΑΓCΙΡΑC
Ε//ΡΕΨΑΜΕΝCΕΝΘΕΙⲰΝΘΝΚΙΓΑΡΑΠΡΟΓΟΝΟΥC
ΟΙΚΟΥΥΠΕΡΝΕΑΤΟΙΟΥΦΑΨΙΔΑΤΗΝΔΙΟΛΙΗΔΗC
ΑΥCΟΝΙⲰΝΜΟΥCΗΓΥΨΙΝΟΟΥΠΡΥΤΑΝΙC☞

Εἰ κλύες ἐν . . . . π]ροτέ[ρ]οιο . . . .
τῶν ἀ[π]ὸ . . . . ἠνοῦ, τῶν [π]οτ' ἐγει[ρα]μέν[ων]
μίλιον (?) ἠδὲ Τύχης ἱερὸν ἀνάθ[η]μ' ἀ[ν]αθέντων.
κα[ί]νιν [ἡ] σορὸς ἥδ', ἣν Θέσαν ἐπ[α]έται
ἀπ' εὐεργετῶς [Ν]αμαρήτωι ἄγχι π[υλα]ων.
[ἀ]λλά μιν ἐκ γαίης πολλὸν ἀπεκρίμασεν
λ[ε]ιψ̇ων̇[ά] τ' ἄλλοθεν ἄλλα πάλ[α]ι φθι[μ]ένων συ[ν]αγε[ι]ρας
(Γερμανὸς)? ἡ]Θείων Θ[η]κε [π]αρὰ προγόνους
οἴκου ὑπὲρ νεάτοιο ἱφ' ἀψῖδα, τὴν Διο[υ]ήδης
Αὐτονίων μούσῃ γ[λ.]ύψ[ε], νόου πρύτανις.

Z. 8 zu Anfang scheinen die Buchstaben ΕΨΑ aus der vorhergehenden Zeile durch ein Versehen hineingerathen zu sein, wodurch eine einigermaßen sichere Lesung des Namens unmöglich wird. Was μιλων Z. 3 zu Anfang bedeuten mag, ist unklar. In der vorhergehenden Zeile liefse sich auch ποτε γωναμένων lesen, wenn dies einen erdenklichen Sinn gäbe.

142. In einem Kloster im *Wâdî ain es-sahle*, fünf Minuten vom Palaste der Badequelle entfernt, an der ursprünglichen Stelle.

ΕΚΠΡΟΝΟΙΑΣΤΩΝΔΙΟΙΕΗ   Ἐκ προνοίας τῶν διοι[κ]η-
ΤΩΝΤΩΝΕΧΑΤΩΝΟΙΑΑϚΑΘ   τῶν (τῶν) Ἐχά[ρου κα]ὶ Ἀ[τ]ασάθ-
ΟΥΚΕΣΑΒΑΟΥΚΕΚΑωΑΝΟΥ   ου κὶ Σαβάου κὶ Κασιανοῦ
ΚΕΗΔΟΘΕΟΥΕΚΠΣΟΝΗΠΟΗΙ   κὶ Ἡδοθέου ἐκοσ[μήθη - - - - ?

Das zweite τῶν Z. 2 scheint irrthümlich wiederholt. Statt Ἡδοθέου (Εἰδοθέου) dürfte [Τιμ]οθέου zu vermuthen sein.

143. Im Hofe eines Bauernhauses liegend.

CONO   Σοσ-
ΜΑΘΗ   μάθη
ΜΟΓΝ   Μογγ-
ΙΟΥΕΤ   ίου ἐτ-
ΩΝΚ   ῶν κδ
Δ

144. In der Hinterwand der Kirche zu *Nimre*. Nicht mehr am ursprünglichen Platze.

ΗΛΟΥΕΚΤΩΝΕΙΔΙ   ....ήλου ἐκ τῶν εἰδί-
ΩΝΑΝΕΘΗΚΕΝ   [ων καμάτ]ων ἀνέθηκεν
ΙΣΒΑΗΝΟΕΦΥΛ   [ἐπισκοπούσ]ης Βασηῶν? φυλ-
ΗΣ   ῆς.

145. An der Seitenwand der erwähnten Kirche verkehrt eingemauert.

ΕΠΙΤΗΟΙΚΟΝΟΧΙΑ   Ἐπὶ τῇ οἰκονομίᾳ
ΠΡΙΣΚΟΥΚΑΙΑΝΑΤΟ   Πρίσκου καὶ Ἀνατο-
ΛΙΟΥΤΩΝΑΧΤΑΡΗΣ   λίου τῶν Ἀμτάρης
ΕΙΤΙΣΘΗΟΠΕΡΙΣΤΕ   ἐ[κ]τίσθη ὁ περιστε-
ΡΕΩΝ   ρεών.

146. In der Nähe des Gastzimmers (*mensûl*) der Ortschaft auf der Erde liegend. An drei Seiten abgebrochen.

```
ΕΥΔΑΙΜΩΝΕΜΕΜΑΛΧΟΟΟΔ
ΜΑΙΟΡΟΟΕΙΟΑΤΟΤΥΜΒΟΝΤ
ΗΟΙΔΙΟΚΤΗΤΟΥΜΝΗΜΑΠΛΜ
ΝΕΥΤΥΧΙΗΟΗШΙΤΕΛΟΟΛΕΛ
ΠΩΝΕΛΑΧΕΝШΟΡΟΝΑΥΤΛ///
ΚΑΔΥΙΟΕШΑΙΩΡΚΡΗΠΕΙ
ΕΤΟΥΟΟ
```

Εὐδαίμων ἐμὲ Μάλχος ὁ | Μαίορος ἄνετο τύμβον
τῆς ἰδιοκτήτου μνῆμα νεὐτυστυχίης.
ἡμιτελ(ῆ)ς [δ]ὲ λίπων ἔλαχεν μόρον· αὐτήμα δ' υἱ(ο)]
Μαίορ κρηπιῖ(δα ------

147. In der Wand eines Bauernhauses als Mauerstein eingesetzt.

```
ΟΑΙΒΕΟΥΤΟΜΝ
ΗШΕΙΟΝШΑΡ
ΚΙΑΝΟΟΥΙΟΟΕΠ.
```

Σαβίου τὸ μνη-
ημεῖον· Μαρ-
κιανὸς υἱὸς ἐπ(οίησεν).

Dorf *Raḍéme* (ursprünglich *Ruḍéme*) nordöstlich von *Nimre*.
148. Die Inschrift liegt mitten im Dorfe auf der Erde. Es scheint an der abgebrochenen Seite sehr wenig zu fehlen.

```
\ΖШΕΝΟΟΧΙΛΩΝ
ΚΕΔΙΟШΗΔΗΟΑΔΕΛ
ΟΟΥΙΟΝΟΟΛΕШΑΘΗ
ΤΩΝΙΔΙΟΝΟΙΚΟΔ
ШΗΟΑΝΘΑΡΟΙΤΕΚΕ
ΥΔΙΟΑΘΑΝΙΑΤΟΟ
```

- - ζμενος Χίλων-
[ος] κὲ Διομήδης ἀδελ-
[φ]ός, υἱ[ὶ] Σολεμάθη-
(ς, ἐκ] τῶν ἰδί[ω]ν οἰκοδ-
[ὁ]μησαν. Θάρσι, τίκ[ν]-
[ον, ο]ὐδὶς ἀθάνατος.

Dorf *Genéne* (urspr. *Gunéne*) westlich von *Raḍéme*, östlich von *Saqqá*.
149. Die Inschrift ist im Gastzimmer eines Bauernhauses angebracht. Sie steht nicht mehr an ihrem ursprünglichen Platze.

```
ΤΟΥΤΟΜΝΗΜΑ
ΕΚΤΙΟΑΝΜΟΥΝΑ
ΤΙΟΟΗΔΕΑΓΡΙΠ'
ΚΟΥΙΟΙΚΛΑΥΔΙΑΙ
```
//// ΟΥΠΡΑΓШΑΤΙΚΟΙΗΔΕΑЖΚΑΙΟΙ

Τοῦτο (τὸ) μνῆμα
ἔκτισαν Νουνά-
τιος ἠὶ Ἀγρίπ[π]-
[α]ς, υἱοὶ Κλαυδια[ν]-
οῦ, πραγματικοὶ ἠὶ [δ]ίκαιοι

H 2

306

150. In der Mitte des Dorfes liegend auf einer freien Stelle, die mit einem antiken Pflaster bedeckt ist. Daneben erheben sich die hohen Bogen eines großen zerstörten Gebäudes. Die unleserliche Stelle ist absichtlich getilgt.

ΕΓΕΝΕΤΟΗΒΑССΙΛΙΚΗ
ΠΡΟΝΟΙΑΑΒΙΒΟΥΑСΜΟΥ
//////ΛΑΜΟΥСΑ΄ΟΥΚΑΙ
СΕΟΥΗΡΟΥΑΛΕΞΑΝΔΡΟΥ
ΚΑΙΡΑΒΗΛΟΥΕΜΜΕΓΑΝΟΥС

'Εγένετο ἡ Βασ(σ)ιλικὴ
προνοίᾳ 'Αβίβου "Ασμου (?)
[καὶ Ἀί]λάμου Σε[βά]ου καὶ
Σιουήρου 'Αλεξάνδρου
καὶ 'Ραβήλου 'Εμμεγάνου.

151. Ganz nahe bei der vorigen Inschrift liegt ein großer Architrav mit folgender Inschrift.

// // ΥΤ΄ +ΡΟ// //΄ΟΝΕΘΗΚΟΝΤΟС//////////////////ΚΩΜΗС_ΗΑСΗС
ΕΚΠΡΟΝΟΙΑСΚΑΙСΠΟΥΔΗСΠΜΙΩΤΑΤΩΝΔΙΟΙΚΗΤΥΝ
ΟΛΥΜΠΙΟΥ΄ΑΒΙΝΙΛΝΟΥΑΓΡΙΠΠΟΥΤΕСΩΠΑΤΡΟΥ
ΔΩСΙΘΕΟΥΕΥΝΟΜΟΥΚΑΙΔΩСΙΘΕΟΥСΑΜΕΘΟΥΥΙΟΥ
ΤΟΥΤΟΥСΠΑΝΥСΠΟΥΔΑΙΟΥСΚΩΜΗСΕΠΕΛΕΞΑΤΟΔΗΜΟС

[Το]ῦτ[ο τὸ π]ρό[πυλ]ον ἐθηκ[ε]ν τὸ [κοινὸν τῆς] κώμης - - - -
ἐκ προνοίας καὶ σπουδῆς τιμιωτάτων διοικητῶν
'Ολυμπίου [Σ]αβινι[α]νοῦ 'Αγρίππου [κ]ὲ Σωπάτρου
Δωσιθέου Εὐνόμου καὶ Δωσιθέου Σαμέθου υἱοῦ.
τούτους πάνυ σπουδαίους κώμης ἐπελέξατο δῆμος.

Dorf *Bthéne* (ursprünglich *Buthéne*), 2 St. nördlich von *Genêne*, 1½ Stunde östlich von *Ilû* und *Hajât*. Die Ortschaft hat nicht über 18 Häuser, und war zu keiner Zeit größer.

152. Die Inschrift ist verkehrt in der Wand eines Gebäudes, das an einen der 2 Thürme des Ortes stößt, eingesetzt. Am Schlusse der 3. und 4. Zeile fehlt nichts. Vgl. Porter *Five years in Damascus*. II, 54. n. 1.

ΑΥСΟСΓΑΥΤΟΥΘΕΟ
ΡΟСΠΑСΙΦΕΙΛΟΥΟΝΕ
ΝΟСΑΒΙΒΟΥΑΝΑ
ΜΟСΓΑΥΤΟΥΖΟΒΕ
ΔΟСΝΑΤΑΜΕΛΟΥΠΙ
СΤΟΙΑΝΕΓΕΙΡΑΝ
ΤΟΤΥΧΙοΝСΚ
ΤΟΤΗСΚΩ////Η////

Αὖσος Γαύτου, Θεό[δω]-
ρος Πασιφίλου, "Ον-
σος 'Αβίβου, "Ανα-
μος Γαύτου, Ζόβι-
δος Ναταμέλου πι-
στοὶ ἀν[ή]γειραν
τὸ τυχίον [ί]α
σ[ὼν] τῆς κώ[μ]η[ς].

153. Über einer Thüre im Hofe eines Hauses. Nicht mehr am ursprünglichen Platze.

```
ΠΡοΝοΙΑΓΑΔΟΥΟ
ΚΑΙΜΟΝΙΜΟΥ
ΠΙCΤΩΝΔΝΕΝΕ
     ΩΘΗ
```

Προνοίᾳ Γαδύό[υ]
καὶ Μονίμου
πιστῶν ἀνανε-
ώθη.

Ortschaft *Lâhitha*, am Ostrande der *Legâ*. Die Ortschaft hat viel antikes Material und grossartige unterirdische auf Bogen stehende Wasserreservoirs, die jeden Winter aus dem *Luwd*-Flusse gefüllt werden.

154. Die Inschrift ist nicht mehr an ihrem ursprünglichen Platze in eine Hofwand eingemauert.

```
ΗΜΗΝΠΟΤΕΝΕΟCΕΥΠΛΟΚΕΜΟCΛΛΟ     ΝΙΟΜΟ..
ΑΥΤΑΡΕΠΙΤΑΧΑΛΕΠΟ//ΓΗΡΑCΜΕΕΛΔ     ΜΑCΟ..
ΚΥΡΤΟΗΔΕΑΝΑΛΚΙΝΚΕΦΑΛΗCΔΕΤΡΙ     ΧΑCΕΜ
ΚΩΦΟΝΑΜΒΛΥΩΠΟ///ΔΟΝΗΑCΕΞΕ     Τ//////
CΙΜΙΔΕΟΓΡΑΨΑCCΤΗΟΙΔΟΗΚΟΝΤΑΒΙΟ     CΤΙC
ΟΥΕΡΔΙΑΝΟΕ>ΜΑΞΙΜΟΥΜΝΗΜΗCΕΝΕΕΚ     ΕΝΕΤ
ΠΑΝΤΩΝΔΕΦΙΛΕΤΕΛΟCΘΑΝΑΤΟCΚΑ     ΒΥΘΟC
ΠΛΟΥΤΟΥΤΕΝΙΗCΑΛΟΓΩΝΤΕΚΑΙΑΝΔ     ΡϹΟΝ
```

Ἤμην ποτὲ νέος, εὐπλόκ[α]μος.........
αὐτὰρ ἔπιτα χαλεπὸ[ν] γῆράς με ἐ[δά]μασ[εν],
κυρτὸν ἠδὲ ἄναλκιν, κεφαλῆς δὲ τρίχας [ὤλεσε]·
κωφόν, ἀμβλυωπό[ν, ὀ]δόν[τ]ας ἐξέτ[ηξε].
[ε]ἠμὶ δὲ ὁ γράψας [ἔ]τη ὀ[γ]δοήκοντα βιο[ύς] τις (?)
Οὐερδιανὸς Μαξίμου. μνήμης ἕνεκεν ἐτ[έλεσα].
πάντων δέ, φίλε, τέλος θάνατος κα[ὶ] βυθός,
πλούτου, [π]ενίης, ἀλόγων τε καὶ ἀνθρ[ώ]ν.

155. In ein verfallenes Haus (nicht mehr am ursprünglichen Platze) eingemauert.

```
ΤΑΒΟCCΑΛ
ΜΟΥΚΑΙΑΝΑ
ΜΟCΛΔΕΛΦΟC
ΟΙΚΟΔΟΜΗCΑΝ
ΤΗΝΘΥΡΑΝ
```

Τάβος Σάλ-
μου καὶ Ἄνα-
μος ἀδελφὸς
οἰκοδόμησαν
τὴν θύραν.

Ortschaft *Hadar* (nach anderer Aussprache *Hadar*), am Ostrande der *Legá*, nördlich von *Láhitha*. Der Ort ist gut gebaut und gut conservirt. An vielen Ecken der Strafsen haben die Balkone Schiefsscharten. Verödet.

156. Über der Thüre einer verfallenen Moschee; nicht am ursprünglichen Platze.

ΑΓΑΘΗΤΥΧΗΟΥΙΘΡΟCΑ
ΔΙΙΟΥΟΚΟΔΟΜΗCΕΝ ΤΩ
ΠΑΤΡΙΚΑΡΙΩΑΔΕΛΦΩ
ΙΙΟΥΙΙΑΡΚΕΛΛΟΥ

Ἀγαθῇ τύχῃ. Οὖθρος Ἀβ[δ]ου [ᾧ]κοδόμησεν
τῷ | πατρὶ κα[ὶ τ]ῷ ἀδελφῷ | μου Μαρκίλλου (für - ῳ).

Z. 4 ist vom Concipienten vergessen worden, dafs Z. 2 nicht ᾠκοδόμησα, sondern ᾠκοδόμησεν gesagt war.

Städtchen *Dekír*, am Ostrande der *Legá*. In dem Theile der Ortschaft, der an der östlichen Seite des *Luwá-Wadi's* liegt, sind die Ruinen eines alten schönen Tempels. Verödet.

157. Auf einem Steine, der in der Moschee liegt. Die Moschee selbst ist aus antikem Material roh zusammengesetzt.

ΡΑΒΒΗΛΟC
ΤΑΙΙΓΕΙΝΟ
ΝΕΤΩΝ
ΙΙΙΙΙΙΙΙΙΙΙΙΠCΙ

Ῥάββηλος
Ταυ[ρ]εῖνο-
υ ἐτῶν
[εἴκ]οσι ?

Ortschaft *Chulchula*, am Ostrande der *Legá* nördlich von *Dekír*. Verödet.

158. In der Mauer einer Moschee, die aus altem Material roh aufgebaut ist.

ΘΕΟΜΝΗCΤΟCΑΙΛΑΜ
ΟΥοΚΑΙΘΑΙΜΟCΒΟ
ΥΛΑΚΑΙΓΑΥΤΟCΑΔΕΛΦ
ΟCΟΠΤΙΟΝΛΕΓΕΠΟΙ
ΗCΑΝΤΟΗΡΩΙοΝ

Θεόμνηστος Αἰλάμ-
ου ὁ καὶ Θαῖμος Βο-
υλ(ευτὴς) καὶ Γαῦτος ἀδελφ-
ός, ὀπτίον λεγ(εῶνος), ἐποί-
ησαν τὸ ἡρῷεν.

159. Im Innern der genannten Moschee als Baustein in die Mauer gesetzt. Nicht mehr am ursprünglichen Orte.

ΕΝΘΑΔΙΕΤΟΝ   Ἐνθάδι τὸν | πάσησι κεκασ|[μ]ένον
ΠΑCΗCΙΚΕΚΑC   ἀγ[λ]α|ησιν
ωΕΝΟΝΑΓΑΑ   αἶε φ|θόνος (?) ..... καὶ | οὐκ ἐθέλων.
ΙΗCΙΝΕΙΛΕΦ
ΘΟΝΟCΔΥΝΑ
ΤΙΝΜΗΤΙΚΑΙ
ΟΥΚΕΘΕΛωΝ

Dorf Ḥasm am Ostrande der Legā. Verödet.

160. Im Hofe einer Kirche, die drei schlanke aber einfache Basalt-(Dolerit-)Säulen hatte, lag folgende Inschrift. Aufser der unleserlichen Stelle scheint nichts zu fehlen.

ΦΡΗΤΡΑΛΛΑΘΛΟΗΝωΝ°ᵃᵗᵃ///
                            /////////
ΚΟΙΝΟΥΑΥΤωΝΕΠΟΙΗCΑ/////////
ΕΒΕΙΑCΧΑΡΙΝΤΗΚΡΗΓΙΔΛΝCΥ
ΝωΒωΜω

Φρήτρα (?) [Λ]αθα[θ]ηνῶν [ἱ]κ τ[οῦ]
κοινοῦ αὐτῶν ἐποίησα[ν εὐσ]-
εβείας χάριν τὴν κρη[π]ιδ[α]ν σὺ-
ν τῷ βωμῷ.

Mismīḍ (Φαίη), Stadt am Nordrande der Legā. Verödet, und mehr zerstört als die übrigen hauranischen Städte.

161. Auf einem Statuenuntersetzer im Innern des römischen Tempels. Die ersten drei Zeilen sind mit dem Spitzhammer fast bis zur Unleserlichkeit getilgt.

ΠΕΝΟΥCΙΦΛCΥΔΗ   Πι[σ]ούσ[ον Ε]ὐδη-
ΜΟΝΧΛΕΓΙC̄   μον χ(ιλίαρχον) λεγ(εῶνος) ς̄
ΦΛΦΙΡ   Φλ(αουίας) Φιρ(μης)
ΡΟΥCΤΙΚΟC   Ῥουστικός
CωΠΑΤΡΟΥ   Σωπάτρου
ΦΑΙΝΗCΙΟC   Φαινήσιος
ΤΟΝΦΙΝΗΚΙCΕΡΓΕΤΗ   τὸν φί[λον καὶ εὐ]εργέτη[ν].

Dieselbe Person C. I. G. 4543 und 4601.

162. Auf dem Fufsgestelle der dritten noch stehenden Säule des Portikus. Die Inschrift ist schlecht eingegraben, und es scheinen noch andere aber nicht erkennbare Buchstaben darunter zu stehen.

ΙΜΗΤΡΙΟΥΒΟΥ   [Δη]μητρίου βου-
ΟΥΤΟΥΚΑΙΝ   [λε]υτοῦ καὶ - - -

163. Unterhalb des Simses der Tempelfaçade läuft eine zweizeilige Inschrift von der einen Ecke des Gebäudes bis zur andern. Da sie sehr hoch steht, kann sie leicht dem Beschauer entgehen, auch ist sie wegen vorspringender Capitäler nicht durchgängig zu lesen. Sie ist die Hauptinschrift des Tempels, der Gröfse ihrer Buchstaben nach zu urtheilen. Von der ersten Zeile ist nur das erste Fünftel von der zweiten noch weniger zu erkennen, obschon das Ganze gut erhalten.

// // // // ЄΙΝΟΥСΕΒΑΡΜΕΝΙΑΚΟΥΠΑΡΘΙΚΟΥ///////////////////
ΚΥΡΙΝΑΝΟΥ⁵ᵖΛΕΓΓΑΛΛ//

.... M. Αὐρηλίου 'Αντων]είνου Σεβ(αστοῦ) 'Αρμενιακοῦ, Παρθικοῦ - - - Κυρινα[λί]ου ηλ(ιλιάρχου) λεγ(εῶνος) [γ] Γαλλ[ικῆς - - Aus der Zeit zwischen den Jahren 166, in dem M. Aurelius den Titel *Parthicus* annahm, und 180 n. Chr., seinem Todesjahre.

164. Über dem Portale eines antiken Gebäudes, aber unsicher ob am ursprünglichen Platze, steht folgende Inschrift.

ΥΠΕΡСШΤΗΡΙΑСΚΑΙΝΕΙΚ.ΑΥΤΟΚΡΑΤ.
ΚΑΙСΑΡΟСΜΑΥΡΗΛ//////////////////////
ΑΝΤШΝΕΙΝΟΥСΕΒΕΥΕΒΕΥΤΥΧΟΥСʘ
ΓΕΛΟΥΙΟСΜΑΡΙΑΝΟСοΑΕΓΓ/////////
ΤΟΝΝΑΟΝʘΚΑΙΤΟΑΓΑΛΜΑΕΚ
ΤШΝΙΔΙШΝΑΝΕΘΗΚΕΝʘ

Ungenau C. I. G. 4548. Der Kaiser ist nicht Caracalla, sondern Commodus: Ὑπὲρ σωτηρίας καὶ νείκ(ης) Αὐτοκράτ(ορος) | Καίσαρος M. Αὐρηλ[ίου Κομμόδου] | 'Αντωνείνου Σεβ(αστοῦ) Εὐ[σ]εβ(οῦς) Εὐτυχοῦς | Γ. Ἔλουιος Μαριανὸς [χ](ιλίαρχος) λεγ(εῶνος) γ̄ [Γαλλ](ικῆς) | τὸν ναὸν καὶ τὸ ἄγαλμα ἐκ | τῶν ἰδίων ἀνέθηκεν. Der Name des Commodus, wie der der Legion, ist offenbar absichtlich getilgt ganz wie C. I. G. 4554. Die Inschrift fällt kurz nach 183 n. Chr., in welchem Jahre Commodus den Titel *Felix* annahm (Eckhel 7, 135).

165. Auf einem zerbrochenen Statuenuntersetzer, der vor dem Portale des Tempels liegt.

RIANVS.7.LEG.IIIGΛL
///////////ΙΛ.Κ.ΕС.ΙΤ.

Dorf *el-Ghassûle*, 4 Stunden östlich von Damascus.

166. Nach einer alten Topographie von Damask und Umgegend befand sich in *Ghassûle* ehemals eine kastellartige Station (für Karavanenzüge und wohl auch für Militär, da die Gegend den Räubereien der Nomaden des östlichen Τράχων ausgesetzt war). Von diesem Kastell sind die riesigen Grundmauern noch vorhanden. In einer verfallenen Moschee findet sich als Bogenuntersetzer (resp. als Säule) angewendet folgender Meilenstein. Er ist circa 2 berl. Ellen hoch und ⅔ Ellen dick, und gleicht völlig einem Säulenbruchstücke.

DDNN
CONSTANTII
VICTORIOSISSIMI
AVÇ ET CONSTANTII
NOBILLCAESARIS
MP

Dorf *Sekkâ*, 3½ Stunden östlich von Damascus.

167. Zwei Grabsteine, beim Baue eines dortigen Hauses gefunden.

ETOYC	Ἔτους
B ﹜ Φ Ξ Δ	βξφ (251 n. Chr.) Ξα-
NΔIKOY	νδικοῦ
ΘΚΙΙΑΡ	Θκ Μάρ-
ΚΕΛΟCΡ	κελος Ῥ-
ΟΥΦΟΥ	ούφου
ΕΤ ωΝ	ἐτῶν · ·

168.
ETOVC	Ἔτους
ΔΛΦΓΟΡ	δλφ (223 n. Chr.) Γορ-
ΠΙΕΟΥΙΒ	πίου ιβ
ΑΝΤωΝΙ	Ἀντωνΐ-
ΝΑΓΑΥΤΟΥ	να Γαύτου
ΕΤωΝ	ἐτῶν
λΓ	λγ.

Dorf *el-Higáne*, 6 Stunden östlich von Damascus.

169. In einem Bauernhause.

ʃΤΟΥϹ.ΗΠΦ	[Ἐ]τους ͞η͞π͞φ (276/7 n. Chr.)
ΑΝΤωΝΑ	Ἀττων[ί]α
ΓΕΝΕΟΥ	Γενέου
ΕΤωϜΕ	ἐτῶ(ν) ͞κ͞ε.

170. An der südlichen Wand eines Thurmes, der ehemals zu einer Moschee und vorher wohl zu einer Kirche gehört haben mag.

ΕΤΟΥϹ	Ἔτους
ΕΝΦΔ	͞π͞φ (244 n. Chr.) Δ-
ΑΙϹΙΟΥ	αισίου
ΜΑϹϹΟΙ|	Μάσσε[ς]
ΕΤΕΛΕ	ἐτελε-
ΥΤΗϹΕΝ	ύτησεν
ΕΤωΝ	ἐτῶν
ΛΕ	͞λ͞ε.

171. An demselben Thurme, der übrigens nicht aus der Zeit stammt, aus welcher die Inschriften sind, sondern später aus altem Material gebaut ist. Der Stein ist ringsum abgebrochen.

ΕΤΟΥϹ&ΟϹ	Ἔτους ͞υ͞ϛ[ʒ]? (164 n. Chr.)
ꓶΕΡΙΤΙΟΥΡ	Περιτίου [β]
ΑΖΑΒΑΝ	Ἀζαβάν[ης ἐ]-
͞ωΝΙΖΝΕ	τῶν ͞ι͞ζ. Νε--
///ΟΑϹΕΤω+	- όας ἐτῶ[ν--
///ΜΜΙΑϹΕΤω	- μμίας ἐτῶ[ν--
//ΝΑΓΓΟΥΗϹΕΤ	- ναγγούης ἐτ[ῶν--
ΟΥΓΑΤΕΡΕϹ	[θ]υγατέρες
//ᴐ/ΛϹ ƆΥ	----ο]υ.

172. Zehn Minuten vom Dorfe entfernt liegt mitten in der Acker-flur (die Flur von *Higáne* ist die fruchtbarste der ganzen Umgegend von Damaskus) ein circa 20 Centner schwerer Feldstein, mit einer Inschrift, deren ohngefähre Buchstaben diese sind:

```
O M E O C P I N Δ I_          Μετόρεν (-ων) ἀ-
O P I Z W N M E T Δ Ξ          ορίζων (-ον) μετα-
Y Ι Ξ ● Λ Ε Λ W ᵛ Κ Λ Ι Δ P    ξὺ Ἰσολέλων? καὶ Δρ-
Δ C Δ P M Ε Λ W N              σταρμέλων.
         Offenbar ein Gränzstein.
```

173.

Die ersten Worte der Inschrift sind · Ɵ꞉ΦΛ; doch kann das Ɵ auch ein H, das Λ ein X sein; desgleichen ist das Φ nicht ganz sicher.

Die Inschrift befindet sich auf einem grobkörnigen Basaltblock, 2¼ Ellen lang und 1⅓ Ellen hoch. Mit Lichenen überwachsen und unterhalb des Kreuzes absichtlich zerstört, oder beim Herabfallen zerbrochen. Sie befand sich über dem Portale eines jetzt *el-burg* (πύργος) genannten Schlosses, das im Norden der damascischen Landseen stand. Es hatte die Gestalt des

Nomadenzeltes: o [diagram] w war von *a—b* 180 Schritte lang, *c* war

das *Muharram,* oder der von den Weibern bewohnte Theil des Hauses und *d* das *Maq'ad,* wo sich die Männer aufhalten und Gäste empfangen werden. Die Scheidewand zwischen beiden heifst die *Sâha; e* war das Portal, *f* wohl der Wachtthurm, seine Mauer war 14 Fufs dick. Das Material dieses Gebäudes ist von den Einwohnern von *Ḍomér* und von dem Scheich von *Gérûd* für andere Bauten fortgeschleppt worden. Der Erbauer war der Nomaden (-*Gassaniden*-) König *Almundir.* Da es aber drei dieses Namens giebt, so bleibt es bis auf Weiteres unermittelt, welcher von ihnen das Schlofs erbaut habe.

Almundir scheint hier den Vornamen *Flavius* zu haben. Sollte dies ein gewöhnlicher Vorname aller Gefniden gewesen sein, so liefse er sich mit der jetzt dort gäng und gäben Sage zusammen stellen, dafs der „gelbe"

I 2

König (*melik el-asfar*) ehemals Hauran beherrscht habe; er sei Christ gewesen, durch *Chálid ibn el-Welid* vertrieben worden (die Gassaniden wanderten um 640 p. Chr. nach Kaukasien aus) und werde dereinst aus Rusland wiederkommen, um sein Land zurück zu erobern. Die Inschrift ist nach einer völlig unleserlichen Copie im C. I. G. 4517 herausgegeben worden. Jetzt erkennt man leicht das Folgende:

... Ἀλαμουνδάρ[η]ς | [ὁ] πανεύφημος πατρίκ(ιος) | καὶ φύλαρχος εὐχαρισ|τ[ῶ]ν τὸν ἀσ[π]ότην Θεὼν (- ὸν) | καὶ τὸν ἅγιον Ἰ[συλ]ιανὸν ὑπὲρ | σωτηρίας αὐ[τοῦ καὶ τῶν] ἐνδοξ(οτάτων) αὐτο[ῦ] | τίκνων τ[ὸν - - - -]ν ἔκτισεν. Der Vorname Flavius ist nicht gesichert; viel eher dürfte in den zweideutigen Zeichen zu Anfang das Datum zu suchen sein.

Römisches Castell *el Chirbe* (d. h. die Ruine), auch *Alt-Domér* genannt, liegt 1 Stunde östlich von dem heutigen Dorfe *Domér.*

174. Um das Castell herum (das ein längliches Viereck von je 300 und 350 Schritten bildete, 20 Bastionen, auf jeder Seite ein 15 Schritte breites Portal, und eine 16 Fuſs dicke Ringmauer hatte, dessen Wände ursprünglich innen und auſsen mit schönen Quadern eines weiſsen Kalksteines bekleidet waren), lag ehemals eine bedeutende Stadt. In der Südostecke des Castells steht ein Gebäude, das aus den ursprünglichen Trümmern später wieder aufgebaut und vielleicht eine Kirche war; in dieses Gebäude ist als Mauerstein eingesetzt folgende Inschrift, die sehr beschädigt und oben abgebrochen ist.

ΥϹΗΜΟϹΛШΟΥΕ̄	[Μ]η[ν]ὸς Ἀώου ε̄
ΔΥΡΗΛΙΟϹR...C	Αὐρήλιος . . . .
ΔΟΥΠΛΙΚΙΔ.....	δουπλικιά[ριος]
ΚΔΙΚΔΝΔΙΔΑΤΟϹ	καὶ κανδιδᾶτος
. . . .	- - - -
. . . .	- - - -
ΤΟΜΝΗΜΙΟΝΤΟΥΤΟΝ	τὸ μνημῖον τοῦτο
ΕΠΟΙΗϹΕΝΕΤ...	ἐποίησιν ἔτ[ους - -

Kenákir, jetzt ein groſses Dorf, ehemals eine bedeutende Stadt an der südlichen Gränze des damascener Bezirks *Wádi el-'Agam.*

175. Die Inschrift steht an einem palastähnlichen Hause am West-Ende der Ortschaft, und wurde während unsrer Anwesenheit durch einen Maurer,

der das Dach einer angebauten Bauernhütte ausbesserte, freigelegt. Sie gehört ohne Zweifel zu dem Gebäude, doch scheint sie nicht mehr am ursprünglichen Platze zu stehen. In der ganzen Ortschaft findet man viel kostbares Material, wie Säulenknäufe, Friese u. s. w., die sämmtlich zu diesem Schlosse zu gehören scheinen und nur verschleppt sind.

ΔΖΙΖΙѠΝΟϹΤΟΥΦΙ   Ἀζιζίωτος τοῦ φι-
ΛΟΚΤΙϹΤΟΥΠΟΛΛΔΤΔΕΤΗ   λοκτίστου πολλὰ τὰ ἔτη.

176. Die folgende Inschrift steht verkehrt an der Aufsenwand der Wohnung des Orts-Scheichs *Challfe*. Steht nicht mehr an ihrem ursprünglichen Orte. Die beiden II stehen aufserhalb des Vierecks.

ΛΕΟΝΤΙϹΖΑΒΑΝѠ
ΝΟϹΕΞΕΙΔΙѠΝΠΟΝѠΝ
ΤΟΝΙΝΗΜΔΕΚΤΙϹΕΝΕΝΤѠΒ   II

Λεόντις Ζαβάνω-
ρος ἐξ εἰδίων πόνων
τὸ [μ]νῆμα ἔκτισεν ἐν τῷ β · ·

Aqrabâ, Stadt an der Westgränze des Distriktes *Gêdûr* am Fufse eines Eruptionskegels.

177. Die folgende Inschrift steht über der Thüre der Scheich-Wohnung, wohl am ursprünglichen Orte. Dieses Haus war ehemals ein Palast; das jetzige Gastzimmer war ein Saal, dessen Wände mit geschmackvollen Sculpturen bedeckt sind.

ΘΕѠΗΡΑΚΛΕΙ   Θεῷ Ἡρακλεῖ
ΔΙΑΕΠΙΜΕΛΗΤΟ   διὰ ἐπιμελητο-
ΥΖΗΝΟΔѠΡΟΥΚΛΥ   ῦ Ζηνοδώρου Κλυ-
ΜΕΝΟΥΚΑΙΜΑΘΟΥ   μένου καὶ Μάθου
ΝΑΕΜΟΥ ΠΡΟΝΟΗ   Ναέμου προνοη(τᾶν).

178. Über der Thür eines Bauernhauses, nicht mehr am ursprünglichen Orte.

ΝΑΑΜѠΝΗΡΞΑΤΟΗΡΑΚΛΙΔΑϹ
ΕΤΕΛΙѠϹΕΝ +

Ναάμων ἤρξατο, Ἡρακλίδας | ἐτελίωσεν.

179. Die folgende Inschrift liegt jetzt als Dach über einer Bauernstube unmittelbar über dem Kamin, ist ganz geschwärzt und konnte nur auf die mühsamste Weise mit Hülfe einer brennenden Lampe gelesen werden. Ich safs beim Schreiben auf den Schultern eines Bauern.

```
ЄΤΟΥС ΙΙΙ ΒΑСΙΛЄWС ΑΓΡ          Ἔτους [η]. βασιλέως Ἀγρ-
ΙΠΠΑΚΥΡΙΟΥΑΟΥΕΙΔΟ              ίππα κυρίου Ἀουείδο-
СΜΑΛЄΙΧΑΘΟΥЄΠΟΙ.               · ς ·Μαλεχάθου ἐπεί·
ΗСЄΝΤΑΘΥΡWΜΑΤ      ..Ι          ητον τὰ θυρώματ-
ΑСΥΝΚΟΖΜΟΥΚΑΙΤ.                α σὺν κόζμου (-ῳ) καὶ τ-
ΟΝΒWΜΟΝ ЄΚΤ    ;/.             ἐν βωμὸν ἐκ τ-
WΝΙΔΙWΝСΥСЄΒЄΙΑСΙΙΙ            ῶν ἰδίων [ε]ὐσεβείας [ἕν]-
ΔΚΑⴌΙΙΚΥΡΙW   ,..       ;ί      [ε]κα Δὰ κυρίῳ.
```

Wenn die Lesung der Jahreszahl als ΙΙΙ richtig ist, so ist Agrippa II. zu verstehen. Die Münzen desselben zählen bis zum 35. Jahr von einem Epochenjahre an, als welches 61 n. Chr. angenommen wird (Eckhel 3, 494 f.).
Unsere Inschrift gehört hiernach in das Jahr 78 n. Chr. ⸗ Vgl. n. 30.

Gibd, mit dem Mausoleum des Ordensstifters *Sa'd ed-din el-Gibdwí.*
Die Ortschaft liegt am Süd-Ost-Ende des *Hermon*-Gebirgs.

180. Die folgende Inschrift steht über der Hausthüre des Dorf-
Scheichs, nicht mehr an ursprünglichen Orte. Der Stein ist ein ehemaliger
Architrav, der ebenso wie die Schrift schlecht gearbeitet ist.

```
ΜΑΡΑΥΡΑΛЄСΟСΟΔ Q ΑΘΟΥЄΠΟΙΗСЄΝ
ЄΚΤWΝΙΔΙWΝ                             ;ί.
    Μαρ. Αὐρ. Ἄλεσος Ὀδάθου ἐποίησεν
    ἐκ τῶν ἰδίων.
```

Der Ejûb (Hiobskloster), c. 1½ Stunde südlich von der hauranischen
Stadt *Nawa.*

181. Die Inschrift steht auf dem aus einem einzigen Steine bestehenden Architrave eines Portals, das zu einem Saale führt, der wohl die Klosterkirche war. Da aber Schutt bis an den Architrav reichte, konnte man nicht
in die Kirche selbst gelangen.

† ΔΥΤΗΗΠΥΛΗΚΫⴌΙΚΑΙ	+		ΛΛΒЄСΤΗΓΟΥ ΗΜΙΟΥΛΙW
ΟΙЄΙСЄΛЄΥСΟΝΤЄЄΝΔ	ΧΤ	ΡΙ	ΚЄΙΝСΧΓЄΤΟΥЄΤΟΥСΠЄΝΤΑ
ΥΤΗΤΟΥΤΟΤΟΥΠЄΡΘΥΓΟΝ	ΔΔΔ	ΖΒ	ΚΟСΙΟСΤⴎΤΡΙΔΚΟСΤΗЄ
ЄΤЄΘΗΕΝΧΡΟΝΟΙСΗΛΙΟΥЄΥ	ΡЄ	ⴎΧ	ΚΤⴎΚΥΙΫΧΫΒΑСΙΛЄΥΟΝΤΟС

Αὕτη ἡ πύλη π(υρίο)υ· δίκαιοι εἰσελεύσονται ἐν αὐτῇ. τοῦτο τὸ ὑπέρθυρον | ἐτέϑη ἐν χρόνοις Ἰλίου σύ|λαβεστ(άτου) ἡγουμέ(νου) μ(ηνὶ) Ἰουλίῳ | ΞΕ ἰν[δ]. ΚΣ τοῦ ἔτους τιετε|κοσιωστοῦ τριακοστοῦ ἕκτου κ(υρίο)υ Ἰ(ησο)ῦ Χ(ριστο)ῦ βασιλεύοντος. Der Spruch, welcher in diesen Gegenden häufig über den Eingängen kirchlicher Gebäude angebracht zu werden pflegt, ist aus Psalm 118, 20 entnommen. Wegen des Jahres 536 s. die Einleitung.

Dorf *Gharfje*.

182. 10 Minuten westlich vom Dorfe liegt eine alte Necropolis, wo diese Inschrift gefunden wurde. Es ist ein Grabstein, dessen unterer Theil hinter einem schweren Steine in die Erde gesunken ist.

CAE Δ	Σαιδ-
OYAN	ου Ἀτ-
<u>EMOY</u>	έμου - -

Kerak bei *Gharfje* in der *Nukra* (*Batanaea*).

183. In einer neueren Wand als Mauerstein eingefügt.

<u>ANNHΛ</u>	Ἀντηλ[ο]-
CKAMA	ς Καμα-
CANOY	σάνου
EΠOHC	ἐπόης-
EΔIIMΔ	ε Δἰ Μά-
PNATω	ρνα τῷ
KYPIω	κυρίῳ.

Marnas ist als eine zu Gaza verehrte Gottheit aus den Münzen der Stadt und sonsther bekannt; vgl. Eckhel 3, 450.

184. Über einer Bauernhausthüre; nicht am ursprünglichen Orte.

ΕΠΙCKOΠOYNTOC	Ἐπισκοποῦντος
ϑ MONIMOYΦΛAOYIOY ϑ	Μονίμου Φλαουίου
BOYΛEYTOY	βουλευτοῦ.

185. An demselben Hause, auf dem Bruchstücke eines Simses.

ΔIIMETICTOYKANATHNωNO|

Διὶ με[γ]ίστου (-ῳ) Κανατηνῶν - -

186. Dieser Stein ist aufgestellt in einer verfallenen Moschee, wohin
er von anderwärts getragen war.

ΑΓΑΘΗΤΥΧΗΥΠΕΙ\ΩΤΗΡΙΑΣΤΩΝΚΥΡΙ

```
  ε        ΕΠΙΣΚΟΠΟΥΝΤΩΝΑΝΕ        ΩΝ
 Τ
 Ο Υ C     ΙΙΟΥΣΑΒΙΝΟΥΚΑΙΒΑΥΛΑ
 Ρ
 Μ         ΝΗΣΟΔΕΝΙΘΟΥΚΑΙΠΑΣΙ
 Η         ΦΙΛΟΣΚΑΜΑΣΑΝΟΥΕΚΤΙ
           ΣΘΗΟΟΙΚΟΣΕΚΦΙΛΟΠΜΙΑΣ
           ΤΗΣΚΩΜΗΣΕΞΩΝΕΔΩΚΕΝ
           ΙΟΥΛΙΑΝΟΣΔΙΟΝΥΧΦC
```

Ἀγαθῇ τύχῃ. Ὑπὲ[ρ σ]ωτηρίας τῶν κυρίων | ἐπισκοπούντων Ἀνί[μου Σαβόνου καὶ
Βαυλά[της Ὀδενᾶθου καὶ Πασί[φιλος Καμασάνου ἐκτί[σθη ὁ οἶκος ἐκ φιλο[τι]μίας |
τῆς κώμης ἐξ ὧν ἔδωκεν | Ἰουλιανὸς Διονυ(σίου) (δηναρίων) φ- ἔτους ρμη (253 n. Chr.).
Die Kaiser sind Gallus und Volusianus. Zu bemerken ist der Constructions-
fehler, in den der Concipient von Z. 2 an verfallen ist.

Dorf *Afil* auf dem Haurangebirge, mit zwei römischen Tempeln, die Burckhardt beschrieben. Die alte Stadt läfst sich wegen des Eichenwaldes, der
aus den Ruinen gewachsen, nicht mehr untersuchen.

187. Folgender Stein ist im Hause des Ortsscheichs aufgestellt.

ΚΡΟΝΟΣ	Κρόνος?
ΚΑΣΣΙΟΣ	Κάσσιος
ΚΑΙΑΝΟΥ	καὶ Ἀνού-
ΝΟΣΥΙΟΙ	νος, υἱοὶ
ΑΝΟΥΝΟ	Ἀνούνο-
ΥΑΝΕΘ	υ, ἀνέθ-
ΕΚΑΝ	[η]καν.

Stadt *Qanawdt* (*Canatha*) auf dem Haurangebirge. Reich an antiken
Bauwerken.
Die folgenden zwei Inschriften stehen auf dem Sockel zweier Säulen
des bei Burckhardt (Übers. v. Gesenius) p.160 u. 161 beschriebenen Tempels,
10 Min. vor der heutigen Ortschaft, aber die jetzt mit Eichen überwachsenen
Ruinen der alten Stadt reichen bis an diesen Tempel heran. Im Vorhofe
dieses Tempels befindet sich eine grofsartige mit Bogen überwölbte Cisterne.

188. ΠΟΥΠΛΙΟCΑΙΛΙΟC____/ΡΙΙΑΝΟCΒΟΥ
ΛΕΥΤΗCΠΟΥΠΛΙΟΥΑΙΛΙΟΥΦΙΛΙΠϤ
ΠΟΥΥΙΟCΤΩΝΒΕΝΝΑΘΗCΦΙΛΟΤΕΙΟ
ΙΙΗCΑΙΙΕΝΟCΔΙΙΙΙΕΓΙCΤΩΕΚΤΩΝ
ΙΔΙΩΝΕΥCΕΒΩΝΑΝΕCΤΗΓΕΝϤ

Vgl. Rey *Voyage dans le Haourân* etc. (Paris 1860) p. 140. Πούπλιος Αἴλιος [Γε]ρμανὸς βουλευτής, Πουπλίευ Αἰλίου Φιλίπ|που υἱός, τῶν Βεννάϑης, φιλοτειμησά- μενος Διὶ μεγίστῳ ἐκ τῶν|ἰδίων εὐσιβῶν ἀνέστησεν. Der Sinn der Worte τῶν Βεννάϑης ist dunkel; vermuthlich enthalten sie die Bezeichnung der Mutter des Weihenden: 'Sohn des N. N. aus der Zahl der Söhne von der Bennathe.'

189. Unvollkommen bei Rey l. l. p. 139.

ΤΙΓ.ΑΝΤΙΟΧΟC	τιγ. Ἀντίοχος
ΦΙΛΟΤΙΜΗCΑ	φιλετιμησά-
ΜΕΝΟCΔΙΙΙΙΕ	μενος Διὶ με-
ΓΙCΤΩΕΚΤΩΝ	γίττῳ ἐκ τῶν
ΙΔΙΩΝΑΝΕCΤΗCΕΝ	ἰδίων ἀνέστησεν.

ΤΙΓ zu Anfang, was auch Rey giebt, ist vermuthlich als Datum zu fassen; vgl. die Einleitung.

190. Im Hause des Scheichs, von anderwärts hergetragen (nach den Angaben der Bauern von dem 24 säuligen Tempel), steht ein Säulensockel wie jene an dem genannten Tempel, mit dieser Inschrift:

ΑΥΡ.ΙΙΟΑΙΡ.ΕCΟCΘΑΙΜΟΥΒΑΔΡΕΦΙΛ/
ΤΙΜΗCΑΤΟΧΠΕΝΤΑΚΟCΙΑΕΚΤΟΥΤΟΙ(

Αὐρ. Μοαίρετος Θαίμου - - - ἐφιλ[ο]- τιμήσατο (δηνάρια) πεντακέσια ἐκ τοῦ - -

191. Im Hause des Ortsscheichs, nicht am ursprünglichen Orte.

ΜΦΙΕΡΩCΕΝ\....	- - - [ἀ]φιέρωσεν [τ]-
ΗΝΧΩΡΑΝCΥ\..	ἣν χώραν σὺ[ν]
ΤΩΒΩΜΩΤΗ	τῷ βωμῷ τῇ
ΚΙΡΙΑΛΟΗΝΑΓ	κ[υ]ρίᾳ Ἀ[ϑ]ηνᾷ Ἰ-
ΟΖΜΑΙΗΕΚΤΩΝ	οζμαίη? ἐκ τῶν
ΙΔΙΩΝΜΝΗ	ἰδίων μνή-
ΜΗCΧΑΡΙΝ	μης χάριν.

192. In der Küche eines Bauern, der das „Schule" benannte Haus bewohnt, an welchem die (mit ΥΠΕΡ ϹΩΤΗΡΙΑϹ beginnende) Inschrift C. I. G. 4612 steht. Die Inschrift ist äuſserst nachlässig geschrieben. Die zwei Striche bedeuten eine Falſe, die für irgend einen Zweck später in den Stein gehauen worden ist.

```
Uꓕ·ᴜOMN
Λ CMΛTPIS
D AIMEIK
I SEFPͲF
I IVRVΛIP
V LERIΛNVS
L EGIII. CVR
Λ TONINIꓕ
N EDEVOTS
S IVSNVMI
I. EIVS
```

193. Auf einem Säulenstücke, das in der Nähe der Scheichs-Wohnung von der Stadt hinab in die Schlucht des *Wadi Qanawdt* gestürzt worden ist.

```
CIΛIOCO//ΛIOC          Σίλιος Ὀ - - λιος
TOΔICTYΛON             τὸ δίστυλον
EKTꓫNIΔIꓫ              ἐκ τῶν ἰδίω-
NANEΘHKEN             ν ἀνέϑηκεν.
```

Dorf *Mefala*, eine Stunde nordöstlich von *Qanawdt*.

194. Der Stein steht nicht mehr an seinem ursprünglichen Platze; jetzt an einem Hause eingemauert.

```
POYΦOCΔAΔOYKAIY         Ῥοῦφος Δάδου καὶ ὑ-
IOIAYTOYMONOI          ιοὶ αὐτοῦ μόνοι
KAICOBOΛAΘHΓEPM        καὶ Σοβαλάϑη Γερμ-
ANOYMHTHPEΞIOIꓫN       ανοῦ μήτηρ ἐξ ἰ[δ]ίων
KOΠONT੬INHMAEΠOIHCEN   κόπ[ω]ν τ[ὸ μ]ῆμα ἐποίησ[α]ν.
```

Durch die Hinzufügung des μόνοι scheint die ausschließliche Berechtigung der Genannten auf Benutzung des von ihnen errichteten Mausoleums hervorgehoben werden zu sollen.

195. Auf dem pyramidenähnlichen Berge *Qléb Haurán* („Herz von *Haurán*"), dem imposantesten Berge des ganzen Haurangebirges, steht c. 400 Fuſs unterhalb dem höchsten Plateau ein vollständig zertrümmerter 40 Schritte langer und 20 Schritte breiter Tempel, von Eichen und weiſsblühenden *Disár*-Bäumen überwuchert. Diese Ruine heiſst *Chirbet el-blr*,

die Ruine des Brunnens, weil dabei eine stattliche Cisterne in den Felsen gehauen ist. Andere nannten sie *Qaṣr el-bîr*, Schloſs des Brunnens. Dabei auf einem zerbrochenen Steine diese Inschrift:

ΔΣΧΔΡΟΤΟΥ//////Υ
ΓΓΓΔΙΝΙ//////////////
IITONTOΠON
ΕΝΕΝΕΤΙΥΙΕ̄

Z. 1 kann der 2te Buchstabe auch Γ, der neunte auch Τ sein. Gegen Ende stand etwa τὸν τόπον [ἀφιέρωσ]εν ἐν ἔτι ὑε̄ (schwerlich 520, eher 103 n. Chr.).

196. In der Stadt *el-Kefr*, im Innern einer Bauernstube steht folgende nicht dahin gehörige Inschrift.

ΕΠΙΦΑΒΟΝΟΥΤΟΥΛΑΜ
ΠΡΚΟͰΜΚΑΙΔΟΥΚΟCΗ
ΕΚΑΗCΙΑΕΚΤΙCΘΗΕ
ΤΙCΠΖ

Ἐπὶ Φαβ[ω]ρ[ί]ου τοῦ λαμπρ(οτάτου) κόμ(ητος) καὶ δουκὸς ἡ ἐκ[λ]ησία ἐκτίσθη ἔτι σπζ (392 n. Chr.).

197. In demselben Hause steht als Oberschwelle eines Wandschranks (mit der Schrift im Wandschrank selbst) folgender Stein:

ΙΟΥΛΙΟCΚΛΑΥΔΙΟC
CΤΑΥΡΕΙΝΟCὅC
ΚΑΙΝΟCCΕΓΟCΕΚ
ΤШΝΙΔΙШΝΕΠΟ
ΙͰCΕΝΕΥCΕΒΕΝΟΚ

Ἰούλιος Κλαύδιος Ταυρεῖνος οὐά[τ]-[ρ]ανὸς · · · ἐκ τῶν ἰδίω[ν] ἐποίησεν εὐσεβε[ίας χάριν].

Z. 2 können die beiden letzten Zeichen auch als ΟΕ gelesen werden.

198. Im Gastzimmer der Ortschaft *Hebrân* (auf dem südlichen Haurangebirge) liegt folgendes Fragment als Thürschwelle eines neueren Hauses eingelegt.

Auf der einen Seite.

ΔΙΙΚΥΡΙͰ
VΧΗΝΙΑΝ
ͰΟCΙΟVS
ΙΟΣΦΑ
ΑΝΟC
ΑΤΙШΤΗ
ΙUΝΟC

Auf der andren Seite.

ΓΙΑCΧΑΡΙΝ

Die 3. Seite liegt auf der Erde, läſst sich also nicht sehen; die 4. Seite hat keine Schrift. — Διὰ κυρίῳ [ε]ὐχὴν Ἰαν- -|μος Ἰου- - ͵ ιος Φα - -|ανὸς [στρ]|α-τιώτη[ς λεγ]|[εῶ]νος| - - - - - εὐσεβε]ίας χάριν.

324

199. Im Hofe der Scheichs-Wohnung liegt folgender Opferstock (?).

```
ΔIIΜΕΓICΤω(          Διὶ μεγίστῳ
ΥΠΕΡCω              ὑπὲρ σω-
THPIACK///          τηρίας κ[υ]-
PIOYΒAICA           ρίου [Κ]αίσα-
ΜΘΟΟΥΙΟC            [ρος 'Ι]ού[λ]ιος
KωNCTAL             Κώνστα[ς]
ΘΕΥξΑΜ              · ηὔξαμ[ι]-
NOCANEΘH            νος ἀνέϑη-
KEN                 κεν.
```

200. Südöstlich an *Hebrân* liegt eine hübsche römische Tempelruine. Der Tempel ist auf einer steilen Lava-Anhäufung gebaut und war nebst einigen anderen Gebäuden zusammen castellartig geschützt. Davon heißt jetzt das Ganze *el-Hoṣn* (die Festung). Diese Inschrift gehörte zu diesem Tempel und liegt noch auf seinem Dache, wohin sie die Christen, welche den (zerstörten) Tempel zu einer Kirche gemacht, als gemeinen Dachstein gelegt haben. Der Stein ist 8½ Fuß lang und 1½ Spanne breit. Vorn und hinten hat die Inschrift drei zu einer Rosette vereinigte Acanthus-Blätter. Vgl. Porter II, 202.

(Siehe die Inschrift neben stehend.)

Die Inschrift ist aus dem 18. Jahre des Antoninus Pius, also 155 n. Chr. Auffällig ist das zweimal neben 'Εμμιγάνου wiederkehrende 'Εμμιγάνη. Zu *ἐνδίκων* vgl. n. 62 a.

201. Auf dem Dache eines Bauernhauses liegt gleichsam als Dachrinne folgendes Fragment.

```
ΚΡΑΤΟΡΟCANTω
⌐ωΛΥΚΟΥΡΓω
)ΥΕΤΡΑΝΟCΑΠC
ωΝΙΔΙωΝ ΑΝΕ
ΙΝΕΤΟΥCΙΘ
```

ΥΠΕΡCωΠΗPIACKYPIOYKAICAPOCTITOYAIΛIOYAΔPIANOYANTωNEINOY
CΕΒACΤΟΥΕΥCΕΒΟΥCΟΝΑΟCΕΚΤωΝΙΕΡΑΤΙΚωΝΕΚΤΙCΘΕΤΟΥCΟΚΤωΚΑΙ
ΔΕΚΑΤΟΥΑΝΤωΝΕΙΝΟΥΚΑΙCΑΡΟCΠΡΟΝΟΗCΑΙΕΝωΝΑΡΙCΤΕΙΔΟΥΘΑΙΙΙΟΥΟΑΙΘΕΛΟΥ
ΕΜΜΕΓΝΟΥΕΜΜΕΓΑΝΗΧΑΜΕΝΟΥΕΓΔΚΩΝΘΑΙΜΥΑΒΧοΡοΥΕΝΟΥΜΑCΕΧΟΥΕΜΜΕΓΑΝΗΝΑΡΟΥΙΕΡΟΤΑΜΙωΝ

Ὑπὲρ σω[τ]ηρίας κυρίου Καίσαρος Τίτου Αἰλίου Ἀδριανοῦ Ἀντωνίνου
Σεβαστοῦ Εὐσεβοῦς ὁ ναὸς ἐκ τῶν ἱερατικῶν ἐκτίσθη ἔτους ὀκτωκαι-
δεκάτου Ἀντωνίνου Καίσαρος προνοησαμένων Ἀριστείδου Θαίμου, Οὐαθέλου
Ἐμμεγ[α]νου, Ἐμμιγάνη Χαμένου, ἐγδ[ί]κων, Θαίμ[ο]υ, Ἀβχόρου, Ἐσου Μασέχου, Ἐμμιγάνη Νάρου, ἱεροταμιῶν.

['Tπέρ σωτηρίας Aὐτο]κράτορος Ἀντω[νίνου · · · · · · · · ος] Aυκοῦργ[ος]|· · · · · · · ·
οὐστρανὸς ἀπο[λυθεὶς ἐντείμως ἐκ τ]ῶν ἰδίων ἀνέ[στησεν · · · · · · · · ·]ιν ἔτους ιϑ̅.
Das Jahr ist vermuthlich das des regierenden Kaisers, dieser selbst aber nicht
näher zu bestimmen.

202. Eine über 4 Ellen lange und über eine Elle breite Doleritplatte
war ganz mit Schrift bedeckt, aber diese war herausgemeiselt bis auf die letzte
Zeile, auf welcher sich das folgende lesen läßt:

- -

ϹΙϹⳞ/////////ΛΛⳞꙄꙌΕΤΡΑΝΔꙊΙꙄꙊΒΑΜϬΟꙅΜΙΛΙΤΑꙊⳆⳆⳆΕⳆⳆⳆCΙΤ

203. Im Hofe des Scheichs von *Edreʿât* (*Adratha*) ist als Pflasterstein eingesetzt folgender Grabstein.

ΒΑϹϹΟϹ	Βάσσος
ΖΑΒΔΟΥ	Ζάβδου
ΕΤΟΥϹ	ἔτους ⸱
(ΚϞ)	κ̅..

Ἔτους κ̅. steht hier vermuthlich an Stelle des üblichen ἐτῶν κ̅..

204. Ebendaselbst. An der äußern Wand eines elenden Bauernhauses ist als Mauerstein folgendes Fragment eingesetzt.

ΛⳉΤΗΡΙΑϹ	['Tπὲρ] σωτηρίας [καὶ νίκης τοῦ]
ΡΙΟΥΗΜⳈΝΙ'	[κυ]ρίου ἡμῶν · · · · · · ·
ΚΤΙϹΘΗΗΠΥΛΗ	[ἐ]κτίσϑη ἡ πύλη · · · · ἐπ]-
⸱ΚΟΚ.ΡΟΥΦΕΙ////	ὶ Κοκ. Ῥουφεί[νου τοῦ λαμ]-
ꓶΡΟΤΑΤΟΥΗⳝϹ	πρτάτου ἡ[γεμόνος πρεσβευτοῦ]
ΡΕΑϹΤΟΥΑΥΤϹ	[Σεβ]αστοῦ ἀ[ν]τ[ιστρατήγου]
ꓘΚΤΟΥΝΤΟϹΚΟ///	u. s. w. Das Folgende ist unsicher.
///ΓΥΦΗꓨϹΕΙΟ	Z. 8 scheint ὑφηγήσει zu erkennen, in
ΠΙϹΚΟΠΕΥΟΝꓔ	der folgenden Zeile stand [ἐ]πισκοπεύ-
Υ ΝΤΟϹΟ	οντ[ος oder [ων.

Die Provinz stand bis auf Diocletian unter einem *legatus pro praetore*; vgl.
C. I. G. 4585 und 4644.

Gĕrâsʾ (Gerasa).

205. Im östlichen Theile der Stadt liegt ein vollkommen ruinirtes
Gebäude mit Säulen, das nach dem Portale, welches folgende symbolische

Sculptur hatte , wohl eine Kirche (*Basilica*) war. Daneben stehen auf zwei am Boden liegenden Steinen die beiden folgenden Inschriften. Von Stein *b* ist ein Stück abgebrochen, von Stein *a* scheint nichts zu fehlen.

a.   *b.*

ᵦ| |CIѠЄΠICKO|ΠΟΥΚΛΛΔΙΟΥΕΙΕΝΕΤΟ|
ΤѠΝΑΓΙѠΝΠΡΟΦΗ̣ΤѠΝΑΠΟCΤΟΛѠΝΜΑΡΤΥΡѠ‾|
ΑCΤΗCΜΑΚΑΡΙΑCΜΑΡΙΝΑ|ΤѠΖΚΦΕΤΕΙΧΡΓΙΝΔΙΚΩ

['Ἐπὶ τοῦ ὁ]σιωτ(άτου) ἐπισκέπου Κλδίου ἤ[γ]ένετο [ἡ - - - -
τῶν ἁγίων προφητῶν, ἀποστόλων, μαρτύρω[ν ἐκ προτφος]-
ᾶς τῆς μακαρίας Μαρίνα[ς] τῷ ζκφ έτι ΧΡΓ ἰνδικ - - -
Über das Datum vgl. die Einleitung.

206. Säulenhalbkreis, von Burckhardt beschrieben. Die letzte (südlichste) Säule des östlichen Bogenfragmentes hat die Inschrift *a*, die darauf folgende die Inschrift *b*, die dritte die Inschrift *c*.

a. ΔΗΜΗΤΡΙΑΝΟC   Δημητριανὸς
    ΕΠΑΙΙΡΙѠCΕΝ   ἐπλ[ή]ρωσεν.

b. CΑΒΕΙΝΟCCΤΡΑΤΗΓΙΟΥ   Σαβεῖνος Στρατηγίου
    CΠΛΗΡѠCΕΝ   [ἐ]πλήρωσεν.

c. ΕΡΜΟΛΑΟCΔΗΜΗ   'Ερμόλαος Δημη-
    ΤΡΙΟΥCΠΛΗΡѠCΕΝ   τρίου [ἐ]πλήρωσεν.

207. Vor dem südlichen Stadttbore hatte ein   RELIVⱢIO
Feldstein (Grabstein?) die folgende Inschrift: ORACO

Turra, Dorf (mit Höhlenwohnungen) an der Ostseite des Höhenzuges *Zumle*, eine Stunde nördlich von der Ortschaft *Rumthá*,

208. Das Kreuz am Schlusse der Inschrift scheint später zu sein. Der Stein war an der Aufsenwand der Wohnung des Scheichs eingesetzt.

KACCIOCOYOI	
KOΔOMOC TI	C
ΠѠΛΕΟCΔΒ	Ε
ΛΙC+	

Κασσι[σί]ου οἰ-
κοδόμος τῆς
πύλεος 'Αβί-
λας.

Vermuthlich von Abila Leucas in der Decapolis.

Nachschrift.

Diese Blätter enthalten die größere Hälfte der von mir gesammelten griechischen und lateinischen Inschriften. Der zurückbehaltene Theil besteht entweder aus unbedeutenden oder zu sehr verstümmelten, aus unleserlichen und solchen Inschriften, welche schon von früheren Reisenden copirt und in das *Corpus inscriptionum graecarum* übergegangen, also bekannt sind. Damit aber auch sie bei einer späteren Fortsetzung des *Corpus* benutzt werden können, werde ich eine Copie derselben an die Inschriftenmappe der Academie abgeben.

Gesammelt wurden die Inschriften auf vier Reisen. Über die erste, welche ich im Frühling 1858 um das Haurangebirge machte, findet sich im Jahrgange 1859 der Zeitschrift für allgemeine Erdkunde ein Bericht, dessen Sonderabdruck unter dem Titel „Reisebericht über Hauran und die Trachonen" im J. 1860 erschien. Die zweite größere Reise wurde im Frühling 1860 im Auftrage des königlichen Cultusministeriums unternommen und berührte die Landschaften *Gêdûr, Gôlân*, 'Aglûn und die höchsten Theile des Hauran-Gebirges. Auf der dritten Reise wurde im Herbst 1860 der Osten und auf der vierten im Frühling 1861 der Nordosten von Damask und das Gebirge Qalamôn durchwandert.

Die Fundorte der mitgetheilten Inschriften sind auf der Kartenskizze verzeichnet, welche Hr. Prof. Kiepert diesen Blättern beizufügen die Güte hatte. Die Erscheinung, daß sich die meisten und für uns werthvollsten Inschriften auf dem Hauran-Gebirge und in der *Legâ* finden, erklärt sich daraus, daß die dortigen Ortschaften theils durch die große Fruchtbarkeit ihrer Fluren, theils dadurch, daß sie bei ihrer geschützteren Lage den Räubereien der Zeltaraber weniger ausgesetzt waren, einen hohen Grad von Wohlhabenheit erreichten, welche jene Liebe für Kunst- und Prunkbauten, von denen die Trümmer und Inschriften Zeugniß geben, erzeugte und nährte.

Es war ursprünglich nicht meine Absicht, diese Inschriften allein zu veröffentlichen, vielmehr wollte ich sie, zugleich mit einer reichen Sammlung semitischer Inschriften in den *Itinerarien* selber bringen, wie dies in Burckhardt's und anderen Reisewerken geschehen ist. Von diesem Plane, der wohl auch nicht der richtige war, insofern er den Druck der Tagebücher

318

ЄΤΟΥC ΙΙΙ ΒΑCΙΛЄШC ΑΓΡ	Έτους {η] βασιλέως Άγρ-
ΙΠΠΑΚΥΡΙοΥΑΟΥЄΙΔΟ	ίππα κυρίου Άουείδο-
CΜΑΛЄΙΧΑΘΟΥЄΠΟΙ	ε Μαλιχάθου ἐποί-
ΗCЄΝΤΑΘΥΡШΜΑΤ	ησεν τὰ θυρώματ-
ΑCΥΝΚΟΖΜΟΥΚΑΙΤ	α σὺν κόζμου (-ψ) καὶ τ-
ΟΝΒШΜΟΝ ЄΚΤ	ὸν βωμὸν ἐκ τ-
ШΝΙΔΙШΝCΥCЄΒЄΙΑCΙΙΙ	ῶν ἰδίων [ε]ὐσεβείας [ἐν]-
ΔΚΑᴎΙΙΚΥΡΙШ	[ε]κα Διὶ κυρίῳ.

Wenn die Lesung der Jahreszahl als η̄ richtig ist, so ist Agrippa II. zu verstehen. Die Münzen desselben zählen bis zum 35. Jahr von einem Epochenjahre an, als welches 61 n. Chr. angenommen wird (Eckhel 3, 494 f.). Unsere Inschrift gehört hiernach in das Jahr 78 n. Chr. Vgl. n. 30.

Gibd, mit dem Mausoleum des Ordensstifters *Sa'd ed-dln el-Gibdwl.* Die Ortschaft liegt am Süd-Ost-Ende des *Hermon*-Gebirgs.

180. Die folgende Inschrift steht über der Hausthüre des Dorf-Scheichs, nicht mehr am ursprünglichen Orte. Der Stein ist ein ehemaliger Architrav, der ebenso wie die Schrift schlecht gearbeitet ist.

ΜΑΡΑΥΡΑΛЄCΟCΟΔ ꝗ ΑΘΟΥЄΠΟΙΗCЄΝ
ЄΚΤШΝΙΔΙШΝ

Μαρ. Αὐρ. Άλεσος Όδάθου ἐποίησεν
ἐκ τῶν ἰδίων.

Der Éjdb (Hiobskloster), c. 1½ Stunde südlich von der hauranischen Stadt *Nawa*.

181. Die Inschrift steht auf dem aus einem einzigen Steine bestehenden Architrave eines Portals, das zu einem Saale führt, der wohl die Klosterkirche war. Da aber Schutt bis an den Architrav reichte, konnte man nicht in die Kirche selbst gelangen.

† ΔΥΤΗΗΠΥΛΗΚ͞Υ͞ΔΙΚΔΙ	+		ΛΛΒΕϹΤΗΓΟΥϺ͞Μ͞ΙΟΥΛΙШ
ΟΙЄΙCЄΛЄVCΟΝΤЄЄΝΔ	ΧΤ PI	Κ͞Є ΙΝϹΧΓΕΤΟΥΕΤΟΥϹΠΕΝΤΔ
VΤΗΤΟΥΤΟΤΟΥΠЄΡΘΥΡΟΝ	ΔΔΔ ΖΗ	ΚΟϹΙΟϹΤΗΤΡΙΔΚΟϹΤΗЄ
ЄΤЄΘΗЄΝΧΡΟΝΟΙϹΗΛΙΟΥЄΥ	ΡЄ ΗΧ	ΚΤΗΚΥΙΥΧΥΒΑϹΙΛЄΥΟΝΤΟϹ

Αὕτη ἡ πύλη κ(υρίο)υ· δίκαιοι εἰσελεύσονται ἐν α[ὐ]τῇ. τοῦτο τὸ ὑπέρθυρον | ἐτίθη ἐν χρόνοις Ἰλίου συλλαβοστ(άτου) ἡγουμέ(νου) μ(ηνὶ) Ἰουλίῳ | ἕξ ἐν[δ]. ιᾱ τοῦ ἴτους πεντε|κασιοστοῦ τριακοστοῦ ἕκτου κ(υρίο)υ Ἰ(ησο)ῦ Χ(ριστο)ῦ βασιλεύοντος. Der Spruch, welcher in diesen Gegenden häufig über den Eingängen kirchlicher Gebäude angebracht zu werden pflegt, ist aus Psalm 118, 20 entnommen. Wegen des Jahres 536 s. die Einleitung.

Dorf *Gharije*.

182. 10 Minuten westlich vom Dorfe liegt eine alte Necropolis, wo diese Inschrift gefunden wurde. Es ist ein Grabstein, dessen unterer Theil hinter einem schweren Steine in die Erde gesunken ist.

C A E Δ	Σαιδ-
O Y A N	ου Ἀν-
E M O Y	έμου - -

Kerak bei *Gharije* in der *Nukra* (*Batanaea*).

183. In einer neueren Wand als Mauerstein eingefügt.

A N N H ^	Ἀντηλ[ο]-
C K A M A	ς Καμα-
C A N o Y	σάνου
E Π O H C	ἐπόης-
E Δ I I M Δ	ε Διὶ Μά-
P N A T ω	ρνᾳ τῷ
K Y P I ω	κυρίῳ.

Marnas ist als eine zu Gaza verehrte Gottheit aus den Münzen der Stadt und sonsther bekannt; vgl. Eckhel 3, 450.

184. Über einer Bauernhausthüre; nicht am ursprünglichen Orte.

E Π I C K O Π O Y N T O C	Ἐπισκοπούντος
☙ M O N I M O Y Φ Λ A O Y I O Y ☙	Μονίμου Φλαουίου
B O Y Λ E Y T O Y·	βουλευτοῦ.

185. An demselben Hause, auf dem Bruchstücke eines Simses.

Δ I I M E T I C T O Y K A N A T H N ω N O|

Διὶ με[γ]ίστου (-ῳ) Κανατηνῶν - -

186. Dieser Stein ist aufgestellt in einer verfallenen Moschee, wohin er von anderwärts getragen war.

ΑΓΑΘΗΤΥΧΗΥΠΕΙ\ΩΤΗΡΙΑCΤΩΝΚΥΡΙ

ΕΠΙCΚΟΠΟΥΝΤΩΝΑΝΕ ΩΝ
ΙΟΥCΑΒΙΝΟΥΚΑΙΒΑΥΛΑ
ΝΗCΟΔΕΝΙΘΟΥΚΑΙΠΑCΙ
ΦΙΛΟCΚΑΜΑCΑΝΟΥΕΚΤΙ
ϹΘΗΟΟΙΚΟCΕΚΦΙΛΟΠΜΙΑϹ
ΤΗCΚΩΜΗCΕΞΩΝΕΔΩΚΕΝ
ΙΟΥΛΙΑΝΟCΔΙΟΝΥΧΦϹ

Ἀγαϑῇ τύχῃ. Ὑπὲρ σ]ωτηρίας τῶν κυρίων | ἐπισκεπούντων Ἀνείμου Σαβίνου καὶ Βαυλά|νης Ὀδενίϑου καὶ Πασι]φιλος Καμασάνου ἐκτί|σϑη ὁ οἶκος ἐκ φιλο[τι]μίας | τῆς κώμης ἐξ ὧν ἔδωκεν | Ἰουλιανὸς Διονυ(σίου) (δηναρίων) φ- ἔτους ϱμη (253 n. Chr.). Die Kaiser sind Gallus und Volusianus. Zu bemerken ist der Constructionsfehler, in den der Concipient von Z. 2 au verfallen ist.

Dorf *Atil* auf dem Haurangebirge, mit zwei römischen Tempeln, die Burckhardt beschrieben. Die alte Stadt läfst sich wegen des Eichenwaldes, der aus den Ruinen gewachsen, nicht mehr untersuchen.

187. Folgender Stein ist im Hause des Ortsscheichs aufgestellt.

ΚΡΟΝΟϹ	Κρόνος?
ΚΑCCΙΟC	Κάσσιος
ΚΑΙΑΝΟΥ	καὶ Ἀνού-
ΝΟCΥΙΟΙ	τος, υἱοὶ
ΑΝΟΥΝΟ	Ἀνούνο-
ΥΛΝΕΘ	υ, ἀνέϑ-
ΕΚΑΝ	[η]καν.

Stadt *Qanawdt (Canatha)* auf dem Haurangebirge. Reich an antiken Bauwerken.

Die folgenden zwei Inschriften stehen auf dem Sockel zweier Säulen des bei Burckhardt (Übers. v. Gesenius) p. 160 u. 161 beschriebenen Tempels, 10 Min. vor der heutigen Ortschaft, aber die jetzt mit Eichen überwachsenen Ruinen der alten Stadt reichen bis an diesen Tempel heran. Im Vorhofe dieses Tempels befindet sich eine grofsartige mit Bogen überwölbte Cisterne.

188. ΠΟΥΠΛΙΟCΑΙΛΙΟ⸌ ⸌ΡΜΑΝΟCΒΟΥ
ΛΕΥΤΗCΠΟΥΠΛΙΟΥΑΙΛΙΟΥΦΙΑΙΠ⟨
ΠΟΥΥΙΟCΤωΝΒΕΝΝΑΘΗCΦΙΛΟΤΕΙΟ
ΜΗCΑΜΕΝΟCΔΙΙΜΕΓΙCΤωΕΚΤωΝ
ΙΔΙωΝΕΥCΕΒωΝΑΝΕCΤΗΓΕΝ⟨

Vgl. Rey *Voyage dans le Haouran* etc. (Paris 1860) p. 140. Πούπλιος Αἴλιος
[Γε]ρμανὸς Βαθρατής, Πουπλίευ Αἰλίου Φιλίπ|που υἱός, τῶν Βεννάθης, φιλοτειμησά-
μενος Διὶ μεγίστῳ ἐκ τῶν | ἰδίων εὐσεβῶν ἀνέστησεν. Der Sinn der Worte τῶν
Βεννάθης ist dunkel; vermuthlich enthalten sie die Bezeichnung der Mutter
des Weihenden: 'Sohn des N. N. aus der Zahl der Söhne von der Bennathe.'

189. Unvollkommen bei Rey l. l. p. 139.

ΤΙΓ.ΑΝΤΙΟΧΟC   Τιγ. 'Αντίοχος
ΦΙΛΟΤΙΜΗCΑ   φιλοτιμησά-
ΜΕΝΟCΔΙΙΜΕ   μενος Διὶ με-
ΓΙCΤωΕΚΤωΝ   γίστῳ ἐκ τῶν
ΙΔΙωΝΑΝΕCΤΗCΕΝ   ἰδίων ἀνέστησεν.

ΤΙΓ zu Anfang, was auch Rey giebt, ist vermuthlich als Datum zu fassen;
vgl. die Einleitung.

190. Im Hause des Scheichs, von anderwärts hergetragen (nach den
Angaben der Bauern von dem 24säuligen Tempel), steht ein Säulensockel
wie jene an dem genannten Tempel, mit dieser Inschrift:

|ΑΥΡ.ΜΟΑΙΡ.ΕCΟCΘΑΙΜΟΥΒΑΔΡΕΦΙΛ/
|ΤΙΜΗCΑΤΟΧΠΕΝΤΑΚΟCΙΑΕΚΤΟΥΤΟΙ⸌

Αὐρ. Μοαίρετος Θαίμου - - - ἐφιλ.[ο]-
τιμήτατο (δηνάρια) πεντακόσια ἐκ τοῦ - -

191. Im Hause des Ortsscheichs, nicht am ursprünglichen Orte.

ΜΦΙΕΡωCΕΝ⸌....   - - - [ά]φιέρωσεν [τ]-
ΗΝΧωΡΑΝCΥ⸌..   ὴν χώραν σὐ[ν]

ΤωΒωΜωΤΗ   τῷ βωμῷ τῇ
ΚΙΡΙΑΛΟΗΝΑΓ   κ[υ]ρίᾳ 'Α[θ]ηνᾷ Γ-

ΟΖΜΑΙΗΕΚΤωΝ   οζμαίη? ἐκ τῶν

ΙΔΙωΝΜΝΗ   ἰδίων μνή-
ΜΗCΧΑΡΙΝ   μης χάριν.

192. In der Küche eines Bauern, der das „Schule" benannte Haus bewohnt, an welchem die (mit YΠEP · CWTHPIAC beginnende) Inschrift C. I. G. 4612 steht. Die Inschrift ist äuſserst nachlässig geschrieben. Die zwei Striche bedeuten eine False, die für irgend einen Zweck später in den Stein gebauen worden ist.

```
|UⱢ·ᴜOMN
Λ｜CΜΛTPΙS
DｌAIMEIK
I|SEFPⱯF
I|IVRVΛIP
V|LERIΛNVS
L|EGIII.CVR
Λ|TONINIⱢ
N|EDEVOTS
S|IVSNVMI
|I.EIVS
```

193. Auf einem Säulenstücke, das in der Nähe der Scheichs-Wohnung von der Stadt hinab in die Schlucht des *Wadi Qanawât* gestürzt worden ist.

CIΛIOCO//ΛIOC Σίλιος 'O - - λιος
TOΔICTYΛON τὸ ἄστυλον
EKTWNIΔIW ἐκ τῶν ἰδίω-
NANEΘHKEN ν ἀνέθηκεν.

Dorf *Mefaʿla*, eine Stunde nordöstlich von *Qanawât*.

194. Der Stein steht nicht mehr an seinem ursprünglichen Platze; jetzt an einem Hause eingemauert.

POYΦOCΔAΔOYKAIY 'Ροῦφος Δάδου καὶ ὑ-
IOIAYTOYMONOI ιὸͅ αὐτοῦ μόνοι
KAICOBOΛAΘHΓEPM καὶ Σοβαλάθη Γερμ-
ANOYMHTHPEΞIOIωN ανοῦ μήτηρ ἐξ ἰ[δ]ίων
KOΠONTᏟINHMAEΠOIHCEN κόπ[ω]ν τ[ὸ μ]νῆμα ἐποήσ[α]ν.

Durch die Hinzufügung des μόνοι scheint die ausschlieſsliche Berechtigung der Genannten auf Benutzung des von ihnen errichteten Mausoleums hervorgehoben werden zu sollen.

195. Auf dem pyramidenähnlichen Berge *Qléb Ḥaurân* („Herz von *Ḥaurân*"), dem imposantesten Berge des ganzen Haurangebirges, steht c. 400 Fuſs unterhalb dem höchsten Plateau ein vollständig zertrümmerter 40 Schritte langer und 20 Schritte breiter Tempel, von Eichen und weiſsblühenden *Disʿâr*-Bäumen überwuchert. Diese Ruine heiſst *Chîrbet el-bîr*,

die Ruine des Brunnens, weil dabei eine stattliche Cisterne in den Felsen gehauen ist. Andere nannten sie *Qaṣr el-bir*, Schloſs des Brunnens. Dabei auf einem zerbrochenen Steine diese Inschrift:

ΑⅭΧΑΡΟΤΟΥ////////Υ	Z. 1 kann der 2te Buchstabe auch Γ,
ⅭΓⅭΔΙΝΙ///////////////	der neunte auch Τ sein. Gegen Ende
ΙΙΤΟΝΤΟΠΟΝ	stand etwa τὸν τόπον [ἀφιέρωσ]εν ἐν ἔτι
ΕΝΕΝΕΤΙΥΙΕ͞	υ͞α (schwerlich 520, eher 103 n. Chr.).

196. In der Stadt *el-Kefr*, im Innern einer Bauernstube steht folgende nicht dahin gehörige Inschrift.

ΕΠΙΦΑΒΟΝΟΥΤΟΥΛΑΜ	Ἐπὶ Φαβ[ω]ν[ί]ου τοῦ λαμ-
ΠΡΚΟ.ΜΚΑΙΔΟΥΚΟCΗ	πρ(οτάτου) κόμ(ητος) καὶ δουκὸς ἡ
ΕΚΑΗCΙΑΕΚΤΙCΘΗΕ	ἐκ[λ]ησία ἐκτίσθη ἔ-
ΤΙCΠΖ	τι σπζ (392 n. Chr.).

197. In demselben Hause steht als Oberschwelle eines Wandschranks (mit der Schrift im Wandschrank selbst) folgender Stein:

ΙΟΥΛΙΟCΚΛΑΥΔΙΟC	Ἰούλιος Κλαύδιος
CΤΑΥΡΕΙΝΟCⲟ̓C	Ταυρεῖνος αὐσ[τ]-
ΚΑΙΝΟCCΕΓΟCΕΚ	[ρ]ανὸς - - - ἐκ
ΤⲰΝΙΔΙⲰΝΕΠΟ	τῶν ἰδίω[ν] ἐπο-
ΙⱵCΕΝΕΥCΕΒΕΝΟΚ	ίησεν εὐσεβε[ίας χάριν].

Z. 2 können die beiden letzten Zeichen auch als ΟΕ gelesen werden.

198. Im Gastzimmer der Ortschaft *Hebrân* (auf dem südlichen Hauransgebirge) liegt folgendes Fragment als Thürschwelle eines neueren Hauses eingelegt.

Auf der einen Seite.

ΔΙΙΚΥΡΙⱮ
VΧΗΝΙΑΝ
ⱮΟCΙΟVς
ΙΟⅭΦΑ
ΑΝΟⅭ
ΑΤΙⲰΤΗ
ΙΥΝΟⅭ

Auf der andren Seite.

ⅭΙΑCΧΑΡΙΝ

Die 3. Seite liegt auf der Erde, läſst sich also nicht sehen; die 4. Seite hat keine Schrift. — Διὰ κυρίου [ε]ὐχὴν Ἰαν- - |μος Ἰου- - |ιος Φα- - |ανὸς [στρ]|α- τώτης[ς λεγ]|[εὐ]νος | - - - - - εὐσεβε]ίας χάριν.

199. Im Hofe der Scheichs-Wohnung liegt folgender Opferstock (?).

ΔIIΜΕΓICTῶ	Διὶ μεγίστῳ
ΥΠΕΡCῶ	ὑπὲρ σω-
ΘΗΡΙΑCΚ///	τηρίας κ[υ]·
PIOYΘΑICΑ	ρίου [Κ]αίσα-
ΜΘΘΟΥΙΘC	[ρος 'Ι]ου'[λ]ιος
ΚῶΝCΤΑL	Κώστα[ς]
ΘΕΥΞΑΜ	- εὐξάμ[ι]-
NOCΑΝΕΘΗ	νος ἀνέθη-
ΚΕΝ	κεν.

200. Südöstlich an *Hebrân* liegt eine hübsche römische Tempelruine. Der Tempel ist auf einer steilen Lava-Anhäufung gebaut und war nebst einigen anderen Gebäuden zusammen castellartig geschützt. Davon heißt jetzt das Ganze *el-Hosn* (die Festung). Diese Inschrift gehörte zu diesem Tempel und liegt noch auf seinem Dache, wohin sie die Christen, welche den (zerstörten) Tempel zu einer Kirche gemacht, als gemeinen Dachstein gelegt haben. Der Stein ist 8½ Fuß lang und 1½ Spanne breit. Vorn und hinten hat die Inschrift drei zu einer Rosette vereinigte Acanthus-Blätter. Vgl. Porter II, 202.

(Siehe die Inschrift neben stehend.)

Die Inschrift ist aus dem 18. Jahre des Antoninus Pius, also 155 n. Chr. Auffallig ist das zweimal neben 'Εμμηγάνου wiederkehrende 'Εμμηγάνη. Zu *trdixwr* vgl. n. 62a.

201. Auf dem Dache eines Bauernhauses liegt gleichsam als Dachrinne folgendes Fragment.

```
KPATOPOCANTω
⌐ωΛΥΚΟΥΡΓω
)ΥΕΤΡΑΝΟCΑΠϹ
ωΝΙΔΙωΝΑΝΕ
INΕΤΟΥϹΙΘ
```

ΥΠΕΡϹωΠΗΡΙΑϹΚΥΡΙΟΥΚΑΙϹΑΡΟϹΤΙΤΟΥΑΙΛΙΟΥΑΔΡΙΑΝΟΥΑΝΤωΝΕΙΝΟΥ
ϹΕΒΑϹΤΟΥΕΥϹΕΒΟΥϹΟΝΑΟϹΕΚΤωΝΙΕΡΑΤΙΚωΝΕΚΤΙϹΘΗΕΤΟΥϹΟΚΤωΚΑΙ
ΔΕΚΑΤΟΥΑΝΤωΝΕΙΝΟΥΚΑΙϹΑΡΟϹΤΡΟΝΟΗϹΑΛΕΝωΝΑΡΙϹΤΕΙΔΟΥΘΑΙΔΟΥΟΛΙΘΕΛΟΥ
ΕΜΜΕΓΝΟΥΕΜΜΕΓΑΝΗΧΑΜΕΝΟΥΕΓΔΚΥΝΘΑΙΜΥΑΒΧΟΡΟΥΕΝΟΥΜΑϹΕΧΟΥΕΜΜΕΓΑΝΗΝΑΡΟΥΙΕΡΟΤΑΜΙωΝ

Ὑπὲρ σω[τ]ηρίας κυρίου Καίσαρος Τίτου Αἰλίου Ἀδριανοῦ Ἀντωνείνου
Σεβαστοῦ Εὐσεβοῦς ὁ ναὸς ἐκ τῶν ἱερατικῶν ἐκτίσθη ἔτους ὀκτωκαι-
δεκάτου Ἀντωνίνου Καίσαρος προνοησαμένων Ἀριστείδου Θαιμου, Οὐαθέλου
Ἐμμηγά[ν]ου, Ἐμμηγάνη Χαμένου, ἐγδ[ί]κων, Θαιμ[ο]υ, Ἀβχόρου, Ἔνου Μασέχου, Ἐμμηγάνην Νάρου, ἱεροταμιῶν.

['Υπὲρ σωτηρίας Αὐτο]κράτορος 'Αντωι[νίνου - - - - - - - - ος] Αυκοῦργ[ος]|- - - - - - - -
σύστρανὸς ἀπο[λυθεὶς ἐντείμως ἐκ τ]ῶν ἰδίων ἀνέ[στησεν - - - - - - - -]ιν ἔτους ιϑ.
Das Jahr ist vermuthlich das des regierenden Kaisers, dieser selbst aber nicht
näher zu bestimmen.

202. Eine über 4 Ellen lange und über eine Elle breite Doleritplatte
war ganz mit Schrift bedeckt, aber diese war herausgemeiselt bis auf die letzte
Zeile, auf welcher sich das folgende lesen läßt:

- -

ϚΙϹLⅢⅢⅢⅢⅢⅢΛΛϹϹϹΕΤΡΛΝΔϹΙϹϹΒΑΜϴϴϹΜΙLΙΤΑϹⅢϜⅢCIΤ

203. Im Hofe des Scheichs von *Edre'ät* (*Adratha*) ist als Pflasterstein eingesetzt folgender Grabstein.

ΒΑϹϹΟϹ	Βάσσας
ΖΑΒΔΟΥ	Ζάβδου
ΕΤΟΥϹ	ἔτους '
(ΚϞ)	κ..

'Ετους κ̅.. steht hier vermuthlich an Stelle des üblichen ἐτῶν κ̅..

204. Ebendaselbst. An der äußern Wand eines elenden Bauernhauses ist als Mauerstein folgendes Fragment eingesetzt.

LϹϑΤΗΡΙΑϹ	['Υπὲρ] σωτηρίας [καὶ νίκης τοῦ]
ΡΙΟΥΗΜϹΝΙ'	[κυ]ρίου ἡμῶν - - - - - - - -
ΚΤΙϹϴΗΗΠΥΛΗ	[ἐ]κτίσϑη ἡ πύλη - - - - ἐπ]-
⁚ΚΟΚ.ΡΟΥϕΕΙⅢ	ὶ Κοκ. 'Ρουφεί[νου τοῦ λαμ]-
ϽΡΟΤΑΤΟΥΗⅢϹ	προτάτου ἡ[γεμόνος πρεσβευτοῦ]
ΡΕΑϹΤΟΥΑΥΤϹ	[ΣιΒ]αττου ἀ'ν]τ[ιστρατήγου]
ЈΚΤΟΥΝΤΟϹΚΟⅢ	u. s. w. Das Folgende ist unsicher.
ⅢϜΥϕΗⅢϹΕΙΟ	Z. 8 scheint ὑφηγήσει zu erkennen, in
ΠΙϹΚΟΠΕΥΟΝͭ	der folgenden Zeile stand [ἐ]πισκοπεύ-
Υ ΝΤΟϹΟ	οντ[ος oder [ωτ.

Die Provinz stand bis auf Diocletian unter einem *legatus pro praetore*; vgl.
C. I. G. 4585 und 4644.

Gêrâs' (Gerasa).

205. Im östlichen Theile der Stadt liegt ein vollkommen ruinirtes
Gebäude mit Säulen, das nach dem Portale, welches folgende symbolische

326

Sculptur hatte , wohl eine Kirche (*Basilica*) war. Daneben steben

auf zwei am Boden liegenden Steinen die beiden folgenden Inschriften. Von Stein *b* ist ein Stück abgebrochen, von Stein *a* scheint nichts zu fehlen.

a.   *b.*

ℜ   ϹΙⲰⲈΠΙϹΚⲞⳆΠⲞΥΚΛΛⲆΙⲞΥⲈΙⲈΝⲈΤⲞⳆ
ΤⲰΝΑΓΙⲰΝΠΡⲞΦΗΤⲰΝΑΠⲞϹΤⲞΛⲰΝΜΑΡΤΥΡⲰⳆ
ΑϹΤΗϹΜΑΚΑΡΙΑϹΜΑΡΙΝΑΤⲰΖΚΦⲈΤⲈΙΧΡΓΙΝⲆΙΚⲰ

['Επὶ τοῦ ὁ]σιωτ(άτου) ἐπισκόπου Κλαδίου ἐ[γ]ένετο [ὁ - - - -
τῶν ἁγίων προφητῶν, ἀποστόλων, μαρτύρω[ν ἐκ προσφορ]-
ᾶς τῆς μακαρίας Μαρίνα[ς] τῷ ζκφ ἔτει ΧΡΓ ἰνδικ - - -
Über das Datum vgl. die Einleitung.

206. Säulenhalbkreis, von Burckhardt beschrieben. Die letzte (südlichste) Säule des östlichen Bogenfragmentes hat die Inschrift *a*, die darauf folgende die Inschrift *b*, die dritte die Inschrift *c*.

a. ΔΗΜΗΤΡΙΑΝΟϹ   Δημητριανὸς
    ΕΠΑΙΙΡΙⲰϹΕΝ   ἐπλ[ή]ρωσεν.

b. ϹΑΒΕΙΝΟϹϹΤΡΑΤΗΓΙΟΥ   Σαβεῖνος Στρατηγίου
    ϹΠΛΗΡⲰϹΕΝ   [ἐ]πλήρωσεν.

c. ΕΡΜΟΛΑΟϹΔΗΜΗ   'Ερμόλαος Δημη-
    ΤΡΙΟΥϹΠΛΗΡⲰϹΕΝ   τρίου [ἐ]πλήρωσεν.

207. Vor dem südlichen Stadtthore hatte ein   RELIVⱢIO
Feldstein (Grabstein?) die folgende Inschrift: DRACO

Turra, Dorf (mit Höhlenwohnungen) an der Ostseite des Höhenzuges *Zumle*, eine Stunde nördlich von der Ortschaft *Rumthá*,

208. Das Kreuz am Schlusse der Inschrift scheint später zu sein. Der Stein war an der Aufsenwand der Wohnung des Scheichs eingesetzt.

KΑϹϹΙΟϹΟΥΟΙ   Κασσι[σί]ου οἰ-
ΚΟΔΟΜΟϹ ΤΙ Ⳮ   κοδόμος τῆς
ΠⲰΛΕΟϹⲆΒ Ε   πώλεος 'Αβί-
ΛΙϹ +   λις.

Vermuthlich von Abila Leucas in der Decapolis.

Nachschrift.

Diese Blätter enthalten die größere Hälfte der von mir gesammelten griechischen und lateinischen Inschriften. Der zurückbehaltene Theil besteht entweder aus unbedeutenden oder zu sehr verstümmelten, aus unleserlichen und solchen Inschriften, welche schon von früheren Reisenden copirt und in das *Corpus inscriptionum graecarum* übergegangen, also bekannt sind. Damit aber auch sie bei einer späteren Fortsetzung des *Corpus* benutzt werden können, werde ich eine Copie derselben an die Inschriftenmappe der Academie abgeben.

Gesammelt wurden die Inschriften auf vier Reisen. Über die erste, welche ich im Frühling 1858 um das Haurangebirge machte, findet sich im Jahrgange 1859 der Zeitschrift für allgemeine Erdkunde ein Bericht, dessen Sonderabdruck unter dem Titel „Reisebericht über Hauran und die Trachonen" im J. 1860 erschien. Die zweite größere Reise wurde im Frühling 1860 im Auftrage des königlichen Cultusministeriums unternommen und berührte die Landschaften *Gêdûr, Gôldn, 'Aglûn* und die höchsten Theile des Hauran-Gebirges. Auf der dritten Reise wurde im Herbst 1860 der Osten und auf der vierten im Frühling 1861 der Nordosten von Damask und das Gebirge Qalamón durchwandert.

Die Fundorte der mitgetheilten Inschriften sind auf der Kartenskizze verzeichnet, welche Hr. Prof. Kiepert diesen Blättern beizufügen die Güte hatte. Die Erscheinung, daß sich die meisten und für uns werthvollsten Inschriften auf dem Hauran-Gebirge und in der *Legâ* finden, erklärt sich daraus, daß die dortigen Ortschaften theils durch die große Fruchtbarkeit ihrer Fluren, theils dadurch, daß sie bei ihrer geschützteren Lage den Räubereien der Zeltaraber weniger ausgesetzt waren, einen hohen Grad von Wohlhabenheit erreichten, welche jene Liebe für Kunst- und Prunkbauten, von denen die Trümmer und Inschriften Zeugniß geben, erzeugte und nährte.

Es war ursprünglich nicht meine Absicht, diese Inschriften allein zu veröffentlichen, vielmehr wollte ich sie, zugleich mit einer reichen Sammlung semitischer Inschriften in den *Itinerarien* selber bringen, wie dies in Burckhardt's und anderen Reisewerken geschehen ist. Von diesem Plane, der wohl auch nicht der richtige war, insofern er den Druck der Tagebücher vertheuert und ihrer Verbreitung Abbruch gethan haben würde, kam ich durch die Vermittlung des Hrn. Prof. Kirchhoff zurück, der die längere Vorenthaltung der Inschriften mißbilligte und sich freiwillig erbot, sie behufs der Veröffentlichung der k. Academie vorzulegen. So entstand diese Ausgabe. Die „Vorbemerkungen", in welchen über die verschiedenen in den Inschriften gebrauchten Zeitrechnungen gesprochen und am Schlusse eine alphabetische Zusammenstellung der semitischen Eigennamen sowohl unserer, als auch der im *Corpus inscr. graec.* veröffentlichten hauranischen Inschriften gegeben wird, sind das ausschließliche Eigenthum des Prof. Kirchhoff, desgleichen die Transscription der Inschriften und die erklärenden Noten, welche viele derselben begleiten. Wir sprechen diesem Gelehrten für seine wesentliche Mitwirkung bei der Veröffentlichung dieser Inschriften unsern vollen Dank aus.

Die hauranischen Inschriften, welche aus einer Zeit stammen, wo dieses Land die Grenzprovinz des Römerreichs gegen Osten war, regen nach verschiedenen Seiten hin zu wissenschaftlichen Untersuchungen an. Eine der nächstliegenden Fragen, die sie veranlassen, ist die nach ihren Urhebern. Daß sie zum Theil von den Römern herrühren, sagen sie selber auf das deutlichste aus und bedarf keiner Erklärung; denn in Bostra und andern transjordanischen Städten lagen römische Garnisonen und unter Alexander Severus erhielt Hauran seine erste römische Colonie, welcher später andere folgten. Aber die große Mehrzahl dieser Inschriften ist nicht römischen Ursprungs, denn die in ihnen erwähnten Eigennamen sind weder lateinische noch griechische. Sie sind auch nicht syrisch, wie dies von Woolsey bei Besprechung der Porterschen Inschriften im V. B. des *Journ. of the Amer. or. soc.* ausgesprochen, und in Blau's Abhandlung „Über die hauranische Alterthumskunde" im XV. Bande der Zeitschr. d. deutsch-morg. Ges. widerlegt worden ist. (¹) Über den arabischen Stamm, welcher damals die vorherr-

(¹) J. L. Porter, *five years in Damaskus*, 2 Vol. London 1855. In diesem werthvollen Buche wird auch eine Anzahl griechischer Inschriften aus Hauran veröffentlicht, welche Blau zum Theil emendirt in der Absicht, eine Erklärung der in ihnen vorkommenden arabischen Eigennamen daran zu knüpfen. Auch hierbei hat sich der bekannte Scharfsinn dieses Gelehrten mit Glück versucht. Am Schlusse wagt sich Blau selber an die räthselhaften Inschriften, von denen mein vorerwähnter Reisebericht einige Proben giebt, und der Weg, den er zu ihrer Entzifferung eingeschlagen, ist ohne Zweifel der richtige, wenn auch ihr völliges Verständniß erst dann gebofft werden darf, wenn sie einmal in größerer Ansehende Bevölkerung **Haurans** ausmachte, habe ich ausführlicher in meinem Reiseberichte gesprochen. Er hieß *Ghassán*, war aus Südarabien (dem Lande der **Sabäer**) eingewandert, und hatte unter der Bedingung, die Wüsten-stämme den Römern tributär zu erhalten und von Räubereien in Syrien abzu-halten, die *Belqá* und *Trachonitis*, später die ganze Ostgränze Syriens bis nördlich von Palmyra erhalten. Das Volk hatte seinen eigenen König aus dem Hause *Gefna*, dessen amtlicher Titel *Patricius et Phylarchos* war (*Moláld* nennt sie oft βασιλίσκα), und erfreute sich, wie es scheint, einer vollstän-digen Autonomie. Den Gebrauch der Inschriften werden diese Araber wohl nicht erst von den Römern gelernt, sondern aus ihrer Heimat, wo man be-kanntlich die epigraphischen Denkmäler sehr liebte, mitgebracht haben. Ebensowenig kann es auffällig seyn, daß sie dabei die griechische Sprache gebrauchten, welche sich seit der Zeit der macedonischen Occupation in Sy-rien sehr verbreitet hatte, welcher sich selbst die Römer dort bedienten und welche mit der Bildung des oströmischen, specifisch griechischen Kaiser-thums, immer tiefer im Lande wurzeln mußte. Der vornehmste Grund aber für den Gebrauch der griechischen Inschriften unter diesen Arabern war der, daß ihnen als Christen die Sprache des Neuen Testamentes und der Kirche für monumentale Zwecke geeigneter scheinen mußte, als ihre eigene; denn daß sie selbst ausschließlich arabisch gesprochen, lehrt uns nicht etwa nur ihre aus den Inschriften ersichtliche Onomatothesie, sondern auch das zu-verlässigste Zeugniß der Geschichte zusammen mit den uns überlieferten Er-zeugnissen ihrer Dichtkunst. Die Inschrift 110 ist die einzige arabische, welche ich in Haurán aus dieser Zeit und von diesem Volke gefunden habe [1] Daß sie wirklich arabisch ist, zeigen die Anfangsworte شرحبل بن ظالم (*Saráhíl ibn Zálim*), welche mit Hilfe des danebenstehenden Griechischen CAPAHA

---

[1] Die massenhaften Inschriften, welche im östlichen Trachon gefunden werden, bleiben hier außer Betracht, obschon sie, wie ich dies anderwärts behauptet habe, gewiß aus dieser Zeit und von diesem Volke herrühren und in arabischer Sprache geschrieben sind; ihre Zeichen haben mit dem syrischen und kufischen Alphabete nichts zu schaffen, und müssen, wie dies Blau gethan hat, in erster Reihe mit den sabäischen (himjaritischen) zusammengestellt werden.

ΤΑΛΕΜΘ(¹) zu lesen sind, während der Rest vielleicht nicht ganz entziffert werden wird. Diese Inschrift ist darum interessant, weil sie das älteste Vorkommen derjenigen Schriftart ist, welche kaum zwei Jahrhunderte vorher unter den *Nasrïden* aus dem altsyrischen Alphabete gebildet und unter dem Namen der kufischen Schrift die Mutter der heutigen arabischen Schriftzeichen geworden ist. Der kursive Charakter der Inschrift darf nicht auffallen, denn die Legenden der kaum hundert Jahre jüngeren *Omêjaden*-Münzen (die Inschrift datirt vom J. 568) tragen diesen noch entschiedener.

Eine andere Frage ist die, warum die Inschriften mit dem ersten Drittel des siebenten Jahrhunderts plötzlich aufhören? Sie ist mit der Bemerkung, dafs Syrien damals durch die Muselmänner erobert worden, nicht völlig beantwortet. Zwar durften von jener Zeit ab Kirchen, denen ein grofser Theil jener Inschriften angehört, nicht mehr gebaut werden; aber der Bau von öffentlichen Gebäuden anderer Art, von Privathäusern, Mausoleen, Cisternen, sowie das Setzen von Grabsteinen u. s. w., die auch häufig Inschriften erhielten, war unverwehrt, und angenommen, der Gebrauch der griechischen Sprache hatte damals aus irgend einem Grunde, z. B. durch den Uebertritt des Volks zum Islam, aufgehört, so konnte man sich fürder der arabischen bedienen, und da auch der Islam monumentale Inschriften liebt, so bleibt das plötzliche Aufhören derselben in einem Lande, wo sie bis dahin in Menge gefunden werden, unerklärlich. Über diese und andere Fragen half ich mir in meinem Reiseberichte (p. 136), bei völliger Ermangelung alles Bessern mit folgendem Passus hinweg: „Das Volk wird zum Theil als Christen, zum Theil als Muselmänner noch eine Weile das Land bewohnt haben, welches die Nomadenherrschaft und die schrecklichen Kämpfe unter den Prätendenten des Chalifats sehr bald zur Einöde machen mufsten." Aber die Sache ist damit nicht abgethan, denn die erwähnten Umstände motiviren schwerlich die urplötzliche Verödung von mehreren hundert Ortschaften, unter denen Städte von tausend Häusern und drüber, in einem der gesegnetsten Länder der Erde und in der Nähe einer sehr grofsen Stadt gelegen, welche zu allen

---

(¹) Dieser *Sordḥô* ist trotz seines Titels „Phylarch" nicht mit dem gleichnamigen *Gefniden* zu verwechseln, denn der letztere war nicht *Zälim's*, sondern *Gebele's* (ΓΑΒΑΛΑΘΘ) Sohn. Auch würde dann der Haupttitel „Patricier", den die Gefniden nicht nur auf der Inschrift von *el-Burg*, sondern auch auf einer in *Hît*, die (laut Privatmittheilung) Hr. Waddington copirt hat, führen, nicht haben fehlen können.

Zeiten auf die Erndten Haurans angewiesen, auch für seine Cultur zu sor-
gen hatte, und dieses damals, wo sie die Capitale eines Weltreichs, des Cha-
lifats, wurde, mit Leichtigkeit thun konnte. Dieser Gegenstand kam zwischen mir und dem jetzt in Damaskus lebenden Algierer *Emir Abdelkádir* zur Sprache, als ich ihm bei meiner
Rückkehr in die Heimat den Abschiedsbesuch machte, und da theilte mir der
Emir mit, er besitze eine Geschichte der vormuhammedanischen Araber,
welche berichtet, dafs zugleich mit der Flucht des Gefniden *Gebele ibn el-
Eiham* nach Constantinopel Funfzigtausend gassanidische Familien (غسّن)
Hauran verlassen und mit Hab und Gut nach Georgien ausgewandert
seyen. Von der Abreise in Anspruch genommen, habe ich damals dieser
ganz neuen und interessanten Notiz, bei der es einem, welcher die hauranische Städtewüste durchwandert hat, wie Schuppen von dem Auge fällt,
nicht weiter nachgehen können, aber seitdem fand ich in *Ibn Chaldún's*
grofsem Geschichtswerk (¹), am Schlusse des Abschnitts über die Gassaniden
folgende Angabe: „Nach ihrem Aufbruch aus Syrien hielten sich die Gassaniden in den zu Constantinopel gehörigen Ländern (wohl in Cilicien)
auf, bis die Herrschaft der Cäsaren dort aufhörte, worauf sie sich gegen das
Gebirge der Scherkesen (Tscherkessen) wendeten, welches zwischen dem
Meere von *Tabaristân* und dem bis zum Canal von Constantinopel
reichenden Meere von Pontus (بنطش) liegt. In diesem Gebirge ist das
grofse Thor (*báb-el-abwáb*) und dort wohnen christliche Türken, *Eskesen,
Lasen* und Mischvölker von Persern und Griechen; aber die *Scherkesen* sind
mächtiger als alle. Nach diesem Gebirge wendeten sich die Stämme der Gassaniden (*qabáil Ghassán*), schlossen Bündnisse mit seinen Einwohnern und
vermischten sich mit diesen, so dafs die Stammbäume beider in einander lie-
fen. Daher glauben viele von den Ungläubigen dort, dafs sie gassanidischen
Geschlechts seyen. Gott fügt die Schicksale der Menschen wunderbar und
Gott ist der letzte Erbe der Erde und ihrer Bewohner."
    Andere Fragen regt der Inhalt der Inschriften an, der hin und wieder
helle Streiflichter über die geschichtlichen Zustände Haurans in jener Zeit
wirft. So macht es z. B. die Inschrift (No. 218) des Gefniden *el-Mundir*
(Alamundares) im Schlosse *el-Burg* höchst wahrscheinlich, dafs diese Dy-

---

(¹) Catal. arab. HSS. in Damask. gesammelt von Wetzstein. Berlin 1863. No. 3.

nastie zu einer Zeit bis an die Thore von Damaskus geherrscht; ja die Inschrift unterstützt sogar eine Angabe, welche *Ibn Sa'íd* in seiner Geschichte der vorislamischen Araber(¹) als Citat aus dem „*Kiáb el Kemáïm*" bringt, des Inhalts, daß jene Dynastie selbst im Besitze von Damaskus gewesen. Diese nicht uninteressante, seither unbekannte Notiz heißt: „Die Gefniden vererbten ihren Herrschersitz nicht in einer und derselben Stadt vom Vater auf den Sohn, wie dies die Nasriden in *Hīra* thaten. Bei ihrer Einwanderung in Syrien setzten sie sich zuerst in *Gillīq* (Damaskus) fest und ihr erster König *Gefna* wurde in *Bréł*, einem Dorfe bei dem *Saqrâ*-Thale vor den Thoren der Stadt Damaskus begraben. Darauf beziehen sich jene Verse des Dichters *Hassân ibn Thâbit*:

Vergelte Gott den Fürsten, die in *Gillîq* dort
Vor langen Jahren mich als Gast und Freund geehrt,
. Den Kindern *Gefna's*, die bei ihres Vaters Grab,
Dem Grabe jenes edeln Sohn's der *Máría*,
In *Bréł* das Gastrecht üben, wo der *Barâdâ*
Mit klarer kühler Paradieseswelle rauscht!(²)

In *Bréł* (führt *Ibn Sa'íd* fort) war der Palast ihrer Könige und der *Barâdâ* ist der Fluß von *Damask*. Später gefiel es den Römern, sich in den Besitz der Stadt Damaskus zu setzen, und sie nöthigten ihre zeitherigen Besitzer sie zu verlassen und nach '*Ammân* (dem damaligen Philadelphia) in der *Belqâ* überzusiedeln. Von dieser Zeit an hielten sich dieselben abwechselnd in '*Ammân*, am Flusse *Iermúk* in *Haurân*, in *Gólán*, *Sâdâ* und *Gebele* auf bis der *Islám* kam, der ihrer Dynastie ein Ende machte und die Auswanderung eines großen Theils des gassanidischen Volkes in das Land der Römer veranlaßte." Soweit *Ibn Sa'íd*. Anderweitige Combinationen machen es wahrscheinlich, daß der Gefnide *Hârit* (Aretas) mit dem Beinamen *el-Wahhâb* noch in Damaskus residirt hat, wornach die Verdrängung dieser Könige aus dieser Stadt erst unter den oströmischen Kaisern stattgefunden haben würde.

(¹) betitelt: نشوة الطرب . Catal. arab. HSS. in Damask. ges. No. 1.

(²)
لله در مصابة نادمتها   يوما بجلّق فى الزمان الاوّل
اولاد جفنة حول قبر ابيهم   قبر ابن مارية الكريم المفضل
يصلون من ورد البنيص عليهم   برّنا يسقى بارجبون السلسل

Daraus würde sich der Umstand erklären, dafs diese Stadt früher weder der Sitz einer römischen Statthalters gewesen, noch bei der älteren Provinzial-eintheilung eine Rolle gespielt, dafs überhaupt von den Römern über diese wichtigste Stadt Syriens ein so auffallendes Stillschweigen beobachtet worden ist. Der Gegenstand verdient weiter untersucht zu werden.

Die durch die Inschriften No. 65—68 documentirte Aufstellung eines Erlasses des Kaisers Anastasius in der entlegenen Stadt *Imtán* (*Motán*) [1] über die Verabfolgung der Diäten an Militärbedienstete erklärt sich wahrscheinlich aus dem Umstände, dafs bei gröfseren kriegerischen Unternehmungen, die fast immer Feldzüge gegen die *Naçriden* oder deren Oberherren die *Sâsâniden* waren, das gassanidische Heer sich bei dieser Stadt (nämlich auf einer fast eine Quadratmeile grofsen Wiese zwischen *Imtán* und *I'ndk*) zu sammeln hatte, von wo es östlich ziehend und hinter den Trachonen die Steppe quer durchschneidend, sich mit dem Hauptheere der Römer (Byzantiner) vereinigte, welches aus Cilicien oder dem nördlichen Syrien kommend, immer den nächsten Weg zum Euphrat einschlug und diesen hinabzog. Selbstredend stellten auch die römischen Garnisonen *Phraea's* ihr Contingent zum Heere der Gassaniden, (was hauptsächlich nur aus Pferde- und Kameelreiterei bestanden haben wird), und nach dem Epos „Antar", in welchem viele geschichtliche Reminiscenzen aus jener Zeit niedergelegt sind, wurden selbst Kriegsvölker aus Jerusalem und dem Litorale Palästinas nach jenem Sammelplatze dirigirt. Die Nothwendigkeit, vor Beginn jener so beschwerlichen und gefährlichen Feldzüge den Forderungen und Ansprüchen der Leute gesetzlich zu genügen, wird jene Aufstellung des kaiserlichen Erlasses in *Imtán* veranlafst haben. Von der römischen Heerstrafse (*Hadjif*), welche von *Bostra*, der Hauptstadt der Provinz, über *Imtán* östlich führt (s. die Karte meines Reiseberichts), scheint sich bei *Imtán* eine andere südlich nach *Témd* abgezweigt zu haben, wenn dies nicht die grofse schon in der Bibel (Hiob 6, 19) erwähnte Karawanenstrafse war, denn im 20 Buche Antars wird ein Zug der Gassaniden nach dem *Higáz* erwähnt, der von jenem Sammelplatze aus über *Témd* ging.

---

[1] Diese Stadt ist nicht mit *Ma'ta*, einer Ortschaft an der südlichen Gränze Syriens, zu verwechseln, bei welcher im 8ten Jahre der *Higra* die Muselmänner durch die Griechen und Gassaniden eine schwere Niederlage erlitten.

Eine anderweite, durch das vermehrte Material näbergerückte Untersuchung ist die über die Frage, wie sich die Theologie des römischen Heidenthums zu den einheimischen Culten stellte? Daß, wie in andern Ländern,
eine Vermittlung zwischen beiden versucht worden, ist wohl unzweifelhaft;
manche arabische Gottheit wird man mit Beibehaltung ihres Namens in das
römische Pantheon aufgenommen haben, wie dies laut des Zeugnisses der
bostrener Münzen mit dem *Dusares* geschah, anderen, die sich bei
einiger Ähnlichkeit mit römischen und griechischen Gottheiten zusammenstellen ließen, wird man die Namen dieser substituirt haben, aber welchen
epichorischen Gottheiten z. B. *Zeus*, *Athene* und *Herakles*, die in unseren
Inschriften wiederholt genannt werden, entsprechen mögen, ist noch sehr in
Zweifel, wenn man auch bei den beiden ersten zunächst an den *Ba'l* und die
Astara (Astarte) denken könnte. Ob verschiedene Götternamen, die
neuerdings in den nabatäischen Inschriften gefunden worden und mit hauranischen unleugbare Ähnlichkeit haben, mit diesen auch zusammengestellt
werden dürfen, steht dahin. Aber für diese und andere(¹) Fragen bieten
diese Blätter nicht den nöthigen Raum und ich behalte mir ihre Behandlung
für die Tagebücher meiner Reise vor.

   Womit ich aber die Veröffentlichung meiner Inschriften begleiten
wollte, ist ein Versuch, die in ihnen vorkommenden einheimischen Eigennamen zu erklären, d. h. auf ihre arabische Form zurückzuführen, ein Versuch, zu welchem das obige Verzeichnifs derselben als eine directe Auffor-
derung angesehen werden kann.

(¹) So ist auch von speciellem Interesse eine Untersuchung über die Aera Ἰησοῦ Χριστοῦ
βασιλεύοντος, da man hierbei an die spätere dionysische Aera nicht denken kann. Stimmten
jedoch, was freilich nicht der Fall zu seyn scheint, beide überein, so würde dies beweisen,
daß die letztere weniger der persönliche Calcül des Dionysius, dessen Richtigkeit wohl zu
beanstanden wäre, als vielmehr die längst vorhandene, von Dionysius nur adoptirte und mit
seinem Namen ins Abendland gekommene Zeitrechnung der syrischen, vielleicht speciell der
transjordanischen Christen war. Daß sie als solche einen hohen Grad von Vertrauen ver-
dienen würde, unterliegt keinem Zweifel, denn da die Gassanidenkönige am's Jahr 200 Christen
waren, so konnte diese Zeitrechnung schon im zweiten Jahrhundert in Gebrauch gekommen
seyn. Eine beachtenswerthe Notiz über diesen Gegenstand, welche Hr. Prof. Piper zur Inschrift des Hiobklosters (No. 198) gegeben, findet sich in meiner Abhandlung „Über die syrische Tradition von der Heimat Iliobs” im Anhange zu Fr. Delitzsch's Commentar des
Buches Iob, Leipzig 1864.

Ein solcher Versuch ist nicht leicht und er hat neben dem Übelstande, daſs gar mancher Name unrichtig copirt seyn mag, noch Schwierigkeiten anderer Art. Einmal hat man den arabischen Worten dadurch Gewalt angethan, daſs man ihre Vocale änderte entweder durch Weglassen derselben, wie in Μάλχος für كلب, oder durch Hinzufügen, wie in Γάβαρος für جبر, oder durch Vertauschen derselben, wie in Μάσαχος für كسب. Dabei hält die griechische Transscription eine bestimmte Orthographie keineswegs fest, denn den Diphthongen ei giebt sie vollkommen willkürlich bald mit αι, bald mit ευ und ι wieder, z. B. Ὄβαιδος, Οὐνευνάϑη, Θέμος, desgleichen das i bald mit η und ι, bald mit αι und ει, z. B. Σαράηλος, Ἄβιβος, Ἄδωος, Σάιδος, während das kurze o z. B. in der ersten Sylbe der Diminutiva bald als o, bald als a und ευ erscheint, wie in Νορεράϑη, Σαμαίη, Σουβαίϑιος. Durch eine so leichtfertige Behandlung der Vocale wird die ursprüngliche Form des Wortes oft völlig entstellt, und wenn z. B. المنذر ein part. activi ist, so erscheint es in Ἀλαμουνδάρης als part. passivi. Eine andere Schwierigkeit, die arabische Form der Namen zu erkennen, besteht darin, dass das griechische Alphabet vier arabische Consonanten (ا , ح und ع) gar nicht wiedergeben konnte und für mehrere zusammen oft nur einen einzigen Buchstaben hatte, wie γ für ج und ع, χ für خ und ح, δ für د und ذ, τ und ϑ ohne Unterschied für ث ت ط ظ und ظ, σ endlich für س ص und ش. Aber auch hier herrschte kein festes Princip, denn in dem Worte Μαραζίχης steht gegen die Regel χ für κ. Desgleichen wird das Final-s der Worte nicht immer, und die Verdoppelung der Consonanten selten wiedergegeben. Davon war die Folge, daſs die verschiedensten arabischen Eigennamen sich im Griechischen häufig gleichen müssen, in welchem Falle selbst die gröſste Belesenheit in den Genealogien der Stämme nicht im Stande ist, die Ungewiſsheit zu heben, da die arabischen Eigennamen zahllos sind.

Die Araber haben sich zu keiner Zeit, wie die heutigen europäischen Völker, mit einer Handvoll abgestorbener und versteinerter Eigennamen beholfen, vielmehr sichtete bei ihnen jede Generation das überkommene Erbe ihrer Vorgängerin und ersetzte den Abgang durch neue dem eigenen Leben und dem eigenen Geschmacke entsprechende Namen. Tausende derselben entstehen mit ihren Trägern und sterben wieder mit ihnen ab, weil sie nicht, wie bei uns, bedeutungslose, den Nummern ähnliche Unterscheidungszeichen sind, sondern bestimmt appellative Bedeutungen haben, die meistens von einer directen Beziehung zu der genannten Person sind, sei es, dafs sie an zufällige Ereignisse und Umstände bei der Geburt erinnern, oder durch eine körperliche Eigenschaft, oft auch nur durch das momentane Befinden des Kindes, veranlafst werden. Es braucht nicht erinnert zu werden, dafs dies die nemliche Basis ist, auf welcher die biblische Onomatothesie beruht; eine solche Übereinstimmung ist aber für uns von Interesse und für die Exegese der Bibel von Nutzen und darum erlaube ich mir, von der gegebenen Gelegenheit für einige Mittheilungen Gebrauch zu machen, welche beweisen, dafs jene uns so fremdartige Sitte der Semiten, wie im grauen Alterthume, so noch heutigentags in ungeschwächter Volksthümlichkeit fortbesteht. Im Herbste 1860 war ich Gast des Scheichs *To'ėmis*, Oberherrn des Stammes der *Mesa'id*, und dieser stellte mir seine drei Söhne *Suwėrán, Furėwán* und *Ga'lús* vor. Auf meine Frage, was die Namen bedeuteten, sagte der Vater, der älteste sei in einer Hürde (*suwėra*) geboren worden, der zweite sei als Siebenmonatskind zur Welt gekommen und habe zwei Monate lang in einem Pelz (*furėwa*) gesteckt und der dritte sei bei seiner Geburt klein wie eine Puppe (*ga'lús*) gewesen. Der eigene Name des *To'ėmis* bedeutete „den kleinen Blinzer", da er bei seiner Geburt die *ţamaşa* (eine Augengeschwulst) hatte. Ein durch seinen Edelmuth in der Steppe gefeierter Mann, der Scheich der *Şulubát*, heifst *Fuwėrán*, weil bei seiner Geburt eine Maus (*fuwėra*) über die Mutter lief. Ein Damascener Kaufmann heifst *Zalamtaní*, weil seine nach der Niederkunft sterbende Mutter zu dem Kinde sagte: „du hast mir Unrecht gethan" (*ţalamtaní*). Im Winter (*súd*), Sommer (*qėd*), Regen (*maţar*), Nebel (*ghatháth*), am Tränkort (*menhil*) geboren heifst das Nomadenkind *Sitwán, Qėdán, Maţrán, Ghuthėjith, Munėhil*. Ein Beduinenmädchen in der Nacht (*lėl*), am Morgen (*şubh*), auf der Wanderung (*raḥíl*), beim Gastmal (*kerma*), in einem Dorfe (*qirja*), bei Thau (*ţall*) oder Schnee (*thelg*) geboren, würde *Lėla, Şubėha, Ruḥėla, Kerma, Qirjána, Ţalla, Thelga* genannt werden. Fällt bei der Geburt das Auge der Mutter auf einen Ameisenhaufen (*niml*), auf des Mannes Lanze (*zána*), Streitrofs, Jagd-Unze (*fahed*) u. s. w., so wird sie die Tochter *Nimla* (Ameise), *Zána, Filwa* (Füllen), *Fuhėda* nennen. Bei dem Stamme der *Bekkár* in *Gólán* fragte ich ein durch ihre Schönheit auffallendes Mädchen nach ihrem Namen und sie nannte sich *Zo'ėla* „der kleine Ärger", erklärend, dafs sich ihre Eltern geärgert hätten, weil sie nicht ein Knabe war. Einem in dem Dorfe *Sckkd* als Flüchtling lebenden armen und kranken Manne wurde ein Kind geboren, das er *Ḍéf-allâh* „Gottesgast" nannte, weil er zweifelte, es ernähren zu können. Ein Beduine, dessen Tochter *Ghubna* „die Sorge" hiefs, erzählte mir als Veranlassung dieses Namens, dafs, da bei ihrer Geburt eine schwarze Ziege, die man als Lösegeld bei der Geburt eines Mädchens schlachten mufs, nicht bei der Hand gewesen, er sich schnell auf das Pferd eines anwesenden Gastes aus Damaskus gesetzt habe, um das Thier zu holen, aber beim Überspringen eines Grabens gestürzt sei, wobei das Pferd einen Fufs gebrochen habe. Wie nun der Gast erklärte, dafs er in Betracht der Umstände das Thier nicht ersetzt haben wolle, habe er in einer Anwandlung von Hochherzigkeit ausgerufen: „Nun, so erziehe ich Dir das Mädchen als Deine Braut!" Der andere habe sie acceptirt und dieser Umstand sei die Ursache ihres Namens; denn der Gedanke, dafs das Kind der Freiheit die Frau eines Städters werden würde, sei die Sorge seines Lebens. Von zwei mir befreundeten Stammhäuptern der *Ruwala* wurde der Eine bei einer Hochzeit (*'Irs*) geboren und desbalb *Mo'arris* „Hochzeitmacher (seiner Kinder)" benannt, ein Name, der zugleich von guter Vorbedeutung für ein langes und glückliches Leben war. Bei der Geburt des Andern wurde die Niederlassung von *Ibrâhîm* Pascha's Landreitern überfallen, deren Anführer, einen in der Steppe sehr gefürchteten Offizier, die Beduinen nur unter dem Namen seiner Hofcharge als *Qaftân Aga* „Mantelbewahrer" kannten. Das Kind erhielt daher den Namen *Qaftân* (Mantel). Dergleichen Motive der Namengebung, die nicht leicht zu errathen sind, haben die Semiten zu allen Zeiten gehabt und es ist eine seltene Keckheit, wenn das hebräisch-chaldäische Handwörterbuch von Fürst (Leipzig 1857—61) sämmtliche biblischen Eigennamen mit einer Sicherheit erklärt, als hätte der Herr Verfasser bei den namengebenden Müttern Hebammendienste verrichtet. Es fehlen uns für das Verständnifs vieler Eigennamen um so mehr alle Anhaltspunkte, als uns häufig die einfache lexikalische Bedeutung der Worte und selbst die ihrer Wurzeln unbekannt ist; denn es unterliegt keinem Zweifel, dafs die arabischen Wörterbücher nicht den ganzen Sprachschatz umfassen, und die Behauptung der alten Lexicographen, sie hätten das Idiom der Nomaden gewissenhaft gesammelt, ist, wie nicht schwer nachzuweisen, nicht frei von Prahlerei.

Natürlich giebt es auch eine Menge Eigennamen, die häufiger wieder-
kehren, was hauptsächlich daher kommt, daß der Enkel sehr oft wie der
Grofsvater genannt wird, um, wie man sagt, den Namen des verstorbenen
Grofsvaters zu beleben. Auch die Namen berühmter Stammgenossen sind
häufig, weil sie von guter Vorbedeutung sind. Bei den in Städten und
Dörfern ansässigen Arabern, welche durchgängig gute Muselmänner, Christen
oder Juden sind, findet man selbstredend alle diejenigen Eigennamen, an
welchen die religiöse Tradition haftet, denn sie gelten für segenbringend.

Auch in unsern Inschriften finden sich nicht wenige Namen, denen
man in der Nomenclatur der Geschlechtsregister fortwährend begegnet, aber
auch andere, die seltner oder dem Anscheine nach völlig unbekannt sind und
deren ursprüngliche Form sich nicht bestimmen läßt. Nicht, daß sich mit
ihnen keine arabischen Eigennamen zusammenstellen liefsen, und wir haben
dies auch immer gethan, aber man wird aus den vorerwähnten Gründen nicht
die Gewifsheit haben können, daß diese auch die wahren sind.

Wir nehmen die griechischen Namen in der Reihenfolge des Kirchhoff'schen Verzeichnisses.

Ἀβαβες ist, wie Blau (Zeitsch. d. deutsch-mor. Ges. Bd. XV. p. 446) richtig
bemerkt, حُبَيْب „Freund". Über die Form Ἀβαβος für Ὀβαβος siehe das
oben (p. 333) Gesagte.

Ἀβγαρος بَخَر häufig und gleichbedeutend mit بَخَمِ, بَخُمِرَ, بَخُرَا (vgl. Βηγρα-
τος). Für uns bedeutet das Wort den „Dicknabeligen", aber für den
Araber, welcher körperliche Gebrechen aus Artigkeit und Scheu nicht
mit ihren eigentlichen Namen nennt, bedeutet es einen, der den Bagür
(بَجُورٌ) trägt. Der Bagür aber ist eine 1½ Zoll dicke, kugelrunde, gold-
gelbe und sehr wohlriechende Frucht aus dem Geschlechte der Melonen.

Ἀβιβος und bei Porter (Five years II, 37) Ἀβιβος حبيب „Freund". Das
arabische ى wird, wird wie oben erwähnt, bald mit ι bald mit η wiedergegeben; so beifsen (Porter II, 50) die Einwohner der hauranischen
Ortschaft Hît ὄιμος Ἐιθηνῶν. Das Diminutiv حُبَيْب (von حَب „Freund");
was Ἀβιβος wohl auch sein könnte, scheint nicht im Gebrauch gewesen
zu sein.

Ἀβσυδος عبود „Diener Gottes".

Ἄβουνες ist, wenn nicht aus Ἄβανδος verschrieben, اَبْوَن oder اُبْوَن in der Bedeutung von مَابْوَن = مذكور „gepriefsen" wie خَمُود und خَمُرد. Nach *Idqût el-Ḥamuwl* war auch اَبِين ein bei den Sabiern nicht seltner Name; desgleichen finden sich اَبْن und اَبْيَن. Weniger nahe liegt es, Eigennamen von der Wz. حبن „dickleibig sein" herbeizuziehen.

Ἄβουῤῥις, Ἄβούριος bezeichnen wohl ein und dasselbe Wort und könnten فَبُور oder فُبُور, Nebenformen des häufigen قَبَّار „Schlächter (der Feinde)" seyn; so nennt man den Jagdfalken und das Schwerdt قَبَّار. Man könnte auch Eigennamen von der Wz. حبر vergleichen, aber wahrscheinlich beginnt das Wort mit ابو und in diesem Falle ist die offenbar verstümmelte Form nicht leicht zu bestimmen. Nabe liegt اَبُو رَى „Vater der *Réjd*", denn *Réjd* und *Réjdna* (رَيْنَا) sind bis heutigentags allgewöhnliche Frauennamen. Dafs solche Zunamen häufig die Eigennamen ersetzten, zeigen uns, um nicht in ein höheres Alterthum zurückzugehen, die Namen *Abû Bekr*, und *Abû Semr* (ein Gefnide), denen die Historiker nur äufserst selten die Eigennamen beifügen.

Ἄβράνας خَبْرَان, woneben die Formen حَبْرَان und خَبْيَان. Die gleichnamige hauranische Ortschaft ist vielleicht auf einen Erbauer dieses Namens zurückzuführen. Gehörte die Inschrift (76) der christlichen Zeit an, so könnte das Wort auch ein grücisirtes Abraham seyn, das sonst Ἄβραμ lautet.

Ἄβχορες بَكُور „der Erstgeborne" (בכור), mit Elif prosth., weil durch den Tonfall auf die letzte Silbe das *b* seinen Vocal verliert; vgl. Ἄντιμος. Diese Annahme liefse freilich Ἄβχοῦρες erwarten; Blau (p. 445) vermuthet daher ein Wort der Form أَنْفَل.

Ἄδδες حَذ contr. aus حذد = خَجُوم فَجُوم, vgl. *Ibn Doreid* كتاب الاشتقاق herausg. v. Wüstenfeld p.322. Blau (p.449) vergleicht أَذ (dazu خاطر بن رأذ). Man kann die Form خَذ „Held" binzufügen, welche den Positiv zum Eigennamen خَذْب bildet; auch خُذُد ist Eigenname. Das Wort خَذ mag mit dem hebr. הֶדֶד zusammengestellt werden; die Radix *hadd* bedeutet „herabstürzen" wie Raubvögel und ein *Aneze*-Dichter läfst seinen Stamm kommen الهَذَدَة شرّوا لِجيم „wie einen niederfallenden Heuschreckenzug".

ʿAδδα ist in beiden Stellen nicht gesichert. Vielleicht ist es ʿAδλα مَادِلُ, mit
unterdrücktem ا, vgl. Ϝοβαρ; vielleicht ist es هَادِل = مرسلت شعرها. Das
Lösen der Flechten geschieht in der Schlacht und beim Schwerdtanz.
Daß der Frauenname هَادِل im Haurán alt ist, zeigt ein Volkslied, dessen
Refrain immer die Worte bilden:

فُوَيْدِلِي يا فُوَيْبِدِلِي نَارِكَ ولا جَنَّةُ قَلِبِي

Hádil, meine *Hádil*, lieber mit Dir in der Hölle, als mit meinen
Verwandten im Paradiese.

ʿAδμος عَدِنَ sehr häufig; so hieß ein Panegyriker der Gefniden (مدنى بن زيد)
desgl. der Schwiegersohn des Königs *Hedíme* von *Hira*.

ʿAεδος (auch bei Porter II, 37) مِيد zugleich mit seinem Fem. مِيدَا fortwährend im Gebrauch. An einem Festtage geboren wird das Kind meistens
'id und *'idu* genannt.

ʿAιτος bei Porter (II, 56) vielleicht مُبِضَ „der Ersetzende (den Verstorbenen)", vgl. Αὔϑεν. Blau (p. 444) liest ansprechend Λεῖτος „Löwe".

ʿAζαβάνη زَيْنَبا „die Geschützte" = مَصُونَة von dem beduinischen زَبِن „schützen".
Ist m griechische Bildungssylbe, so bietet sich عَزَبِ „die Enthaltsame" im
Sinne des Eigennamens زاهِدا.

ʿAζιζος, ʿAζιζιων عَزِيز „der Herrliche, Gewaltige".

ʿAδες wegen Verstümmelung des Steins unsicher; wahrscheinlich ist hinter
dem am Rande stehenden A ein Y ausgebrochen, vgl. Αὔϑος.

ʿAϑαρος عَثَر wie Ματαχρς سَلاخ Scheinbar näher liegt مَثَر, aber es ist mit
mehreren anderen Eigennamen dieser Radix seltener. Nach *Neswán*
bedeutet مَثَر (im Südarabischen) den Majoran; aber die Möglichkeit, daß
das Wort, mit Vergleichung des hebräo-phönicischen עזר, den „Gott-
geweihten" bedeuten könne, ist ohne Weiteres nicht abzuweisen, und
das von Blau (p. 444) zu einem andern Worte verglichene ʿAϑριλατος =
עזר אל (Plutarch. Symp. 3, 4) verdient beachtet zu werden.

ʿAϑαρες ist auf der Inschrift nicht sicher und daher wird auch aus seiner
Zusammenstellung mit einem der vielen Eigennamen der Stämme عَثَر und
عثر nichts gewonnen; einer derselben, عَثِّر, deckt es in der gegebenen
Form vollkommen. Auch حاثِر, was sehr häufig, läßt sich vergleichen.

Αἰρσδος bei Porter (II, 55) von der Wz. غَرّ, die viele Eigennamen (wie غَرِبَدَ,
مَرَاد، ءرَاد u. a.) bildet. Wahrscheinlich ist es die Form غَبِد (اِعْرِبد) =
مَصِى, غَنِيد „Widerstand leistend".

'Ακράβανος bei Porter (II, 50) ist weniger عَقْرَب „Scorpion", als die *Nisbe*
عَقْرَبِاْنِ: entweder „vom Stamme 'Aqrab" (vgl. das Register zu Wüsten-
felds geneal. Tab. ad voc.) oder „aus der Stadt 'Aqrabá". Diese liegt
in Gédúr (vgl. oben p. 317). Auch bei Damask liegt eine grofse Ortschaft 'Aqrabá, desgl. auf dem Haurángebirge.

Αἴλαμος عَيْلَم, Männername neben عُلَيْم und عَلّام. Doch kann es auch أَخْلَم, das
Intensivum von حَلِيم seyn, das mit حُلَيْمَة und dem Dimin. حُلَيْم häufig ist.

'Αλάγατος. Wenn nicht aus 'Αδύσατος verschrieben, wozu sich die مَحَنَّدِ بى unter
den Stämmen Taj und Kelb vergleichen liefsen, so kann es حَلَنَّة das Intensivum der Eigen- und Stammnamen حِلس und حُلَيْس seyn. Siehe 'Αλισος.

'Αλιβος غَلَيْب „mit starkem Kopfhaar geboren" häufig neben أَغْلَب und قَلب; vgl.
Ibn Doreid p. 122. Auch kann es حالِب „der Plünderer" im Gegensatze zu
محلوب „geplündert" seyn. Eine Damascener Familie heifst حُلَيْب „sie haben ihn
gewolken", weil ihr zuerst so benannter reicher Ahne durch die Schmarotzer
an den Bettelstab gebracht wurde; eineandere heifst حالِب اليَنمل „der Ameisen-
melker", weil der erste Träger des Namens aus lauter Pfifligkeit das Un-
mögliche möglich machte, oder machen wollte. Dies als *curiosa ad voc.*
حلب. Das Richtige wird seyn, dafs vor dem dicht am Rande des Steins
stehendem A der Buchstabe Γ übersehen oder abgebrochen ist; die Worte
غتِب „der Sieger" und غُلَيْب waren zu allen Zeiten häufige Eigennamen.

'Αλιτος das vorerwähnte حُلَيْس, wenn nicht عُلَيْس näher liegen sollte, insofern
dieser Name an Südarabien, die alte Heimath des Volks, erinnert, wo die
Hülsenfrucht 'Alas (eine efsbare بَسقِيَة) ein Hauptnahrungsmittel des Volkes ist. Davon kann das obige 'Αλάτατος auch nom. un. عَلَنَة seyn.

'Αμαθάλτη اللّٰه أَمَةَ. Die unterlassene Verdoppelung des λ nöthigt uns eben so
wenig, ein dem vorerwähnten 'Αθριλατος entsprechendes אמת רצה אמת zu statuiren, wie wir aus dem τ auf eine Form wie اِمَّا الّٰتِ schliefsen dürfen.
Das Erstere gehörte einem Idiom an, das wenigstens zur Zeit der Entstehung der Inschriften in Haurán nicht mehr existirte, und das Zweite

weist auf einen localen heidnischen Cultus, der, wenn er überhaupt jemals nach *Haurân* gekommen, wofür es kein Zeugniſs giebt, in dieser Zeit von dem Christenthum absorbirt worden wäre. Beides also, das weggelassene λ wie das hinzugefügte τ, kommt auf Rechnung der griechischen Transscription. Vergl. noch Θίμαλλος und Τάφαλος.

Ἄμερος, Ἀμέραθος, Ἀμύραθος. Das erstere ist عامر, die beiden andern عمير oder عمير, und da beide häufig, so läſst sich keines bevorzugen. Das mittlere allein könnte auch عمير und die beiden letzten أمر seyn, das unter den Aužiden ein häufiger Männername war.

Ἀμμάλχος ist von Blau (p. 440) mit Ἰάμβλιχος (Diod. fragm. in Müller H. G. II. p. XVII) und dem arabischen املك verglichen worden. Die Zusammenstellung der drei Worte ist gewiſs richtig, nur mag zu dem letzteren bemerkt werden, daſs es, wenn auch in den Genealogien so geschrieben, weiter nichts ist, als die beduinische Aussprache für ملك, dessen vocalloses م noch heutigentags bei allen Stämmen das *Elif prosth.* annimmt; vergl. Ἄνεμος. Die griechische Transscription muſste dieses *Elif* beibehalten, da die Orthographie Μάλχος oder Μάλχος bereits für das weit häufigere ملك verwendet war. Mit dieser Annahme aber würde sich die mehrfach versuchte Identificirung von Ἰάμβλιχος und dem hebräischen יֶמְלֵךְ (1 Chron. 4, 34) nicht vereinigen lassen, da das *Iota praefixum* in solchen, einer untergegangenen Sprachperiode angehörenden, und sich fast nur in Eigennamen von Personen und Örtlichkeiten erhaltenen Formen nicht jenem *Elif* in املك, sondern dem jüngeren *mîm praefixum* der Participial- und Local-Nomina, oder genauer dem vulgären مِيل zu entsprechen scheint.

Ἀμραῖος وعمر

Ἀμραίλιος, Ἀμρ.σεος gehören beide sehr unsicheren Inschriften an und sind nicht zu bestimmen. Das erste sieht völlig wie ein Fremdwort aus; ist es aber arabisch, so ist es verschrieben; seine Form könnte فعيل oder مفعل seyn und in beiden Fällen mit *Elif prosth.* Keinesfalls wird man in ihm ein امرأ ايل oder امرأ الله vermuthen oder durch Conjectur herstellen wollen.

Ἀμτάρη مطر, obwohl ich den heutigen Namen مطني nur bei Männern gefunden habe. Als Frauenname ist *matar* entweder das Bild des Segens, namentlich für den Nomaden, welcher daher für „regnen" geradezu نُزُول الرَّحْمَة sagt, oder das Bild der Reinheit, nach dem Sprüchworte أَنْظَف مِن ماء المَطَر. Dem bekannten gassanidischen Eigennamen *Ma-es-semâ* „Himmelswasser" liegt dieselbe Anschauung zu Grunde. Vgl. Ματαράνης.

Ἄναμος, Ἄντος قَانِي „der Helfer" oder beidemal ؟ فُنَيِّ „die kleine Gabe". Beide sind häufig neben فِنُو (=فِنُو), مَهْنَا und فَنَائَة.

Ἄναμος أَنْعَم „fortunatus", stärker als نَعِيم und نُعْمَان, wie die gleichfalls häufigen أَسْلَم und أَسْعَد stärker als سَلِيم und سَعِيد, سَلْمَان und سَعْدَان sind.

Ἄναμος نَعِيم (weniger wahrscheinlich نَعِيم) mit *Elif prosth.* wegen der Vocallosigkeit des ن (נְם); vgl. hierzu die Form Ἀγραίνα (Inschr. 114. 115. 116) für das arabische جَرْبَى. Dieses Elif findet sich noch heutigentags sowohl bei allen Wanderstämmen, als auch bei den hauranischen Christen, dem Reste der alten einheimischen Bevölkerung des Landes, und zwar nicht nur in allen Formen wie فعال, فعيل, فعول, فعالة, فعيلة, فعولة, sondern auch überall da, wo die erste Silbe unter dem Gewichte des Tonfalls auf die nächstfolgende vocallos wird (wie *Imchabbd* für مُخَبَّا, *imbârak* für مُبَارَك). Die alten Grammatiker haben diese Erscheinung vielfach verkannt, denn Formen wie أَفْتَلَى und الفعيل durfte man im Arabischen ebensowenig statuiren, als man الذَّرَى (*idrû*), اِصْدَقَ (*işdûqa*) oder أَقَهْوَا (*aqahûwwe*) für نُرَى (Mais), صَدْقَة (Almosen) und قَهْوَة (Kafee) schreiben wird, wenn auch der Nomade auf Grund natürlicher Sprachgesetze nicht anders sprechen kann.

Ἄνηλος (auch bei Burckhardt, übers. von Gesenius p. 154) حَنِيل. Dieses Wort, welches auf keine semitische Wurzel zurückgeführt werden kann, ist das biblische חַנִּיאֵל Num. 34, 23, welches die samaritanische Version mit חַגֵל wiedergiebt, und liefert den Beweis, dass sich unter den hauranischen Eigennamen auch jene antiken Composita mit *êl* (Gott) finden. Für solche Namen liegt zwar die Möglichkeit nicht fern, dass sie sich aus der Zeit in Hauran erhalten haben, wo das Land in den Händen der Israeliten, oder, um es näher zu haben, der Aramäer war; denn Worte wie *Hazaêl* 1 Kön. 19, 15 und *Tâbeêl* Jes. 7, 6 zeigen, dass die אֲרַם פִיצַר, welche sich bald nach Salomo's Tod in den Besitz der ihnen unentbehrlichen Trachonitis setzten, ebenso wie die nördlicheren Aramäer-

Áśrome (vgl. *Qemuél* und *Betuél* Gen. 22, 21. 22) mit *él* zusammengesetzte Eigennamen hatten: aber da sich in unsern Inschriften auch solche finden, welche, von der Endsilbe abgeschen, rein arabisch sind, da ferner auch der oben erwähnte Name eines Gefniden (*Sarahíl*) und der eines Himjariden (*Surahbil*), der im 13. Jahre der *Higra* mit dem Heere der Muselmänner nach Syrien kam, wie auch zwei andere (*Sihmíl* und '*Abdíl*), die sich in den Geschlechtsregistern des jemanischen Stammes der *Beni Asad* finden, desgleichen noch mehrere, die man in den himjaridischen Inschriften gelesen hat, in dieselbe Kategorie fallen, so unterliegt es kaum einem Zweifel, dafs auch die in unsern Inschriften vorkommenden erst mit ihren Trägern, den jemunischen Arabern, in Hauran eingewandert sind. Weiteres über diesen Gegenstand unter Orábrics.

'Arevres kommt in unsern Inschriften viermal vor und ist gesichert: خَبُن. Da dieser Eigenname nicht häufig ist (2 Sam. 10, 1 heifst ein König von 'Ammön חָנוּן), so kann man ihn mit Blau (p. 417) für ein Charitativum halten. Sein Simplex wäre خَنّ (Johann), was jetzt (mit حَنّة Hanna) in Hauran natürlich nur bei Christen vorkommt, und als dessen Diminutiv ich immer nur خُنَين gehört habe, obwohl die Hauranier sonst die Charitativ-Form فَعُول (aber stets mit Verdopplung des zweiten Radicals) sehr lieben.

'Arevées خَوَنِّل, wozu der Frauenname هُوَنِّلَى als Demin. von خَوَل im Sinne von خَوْت „die Zuflucht (der Bedrängten)"; oder es ist خُوَنِّد vom Simplex خَلَك, im Sinne von كُذَ أَلَّ, sämmtlich Eigennamen. Nahe liegt auch خُوَنِّد von خُود, das wenigstens jetzt ein häufiger Name ist. Ein هُوَد „der Halm" war einmal mein Wirth (vgl. Reisebericht p. 14). Dieses Wort, unter welchem der Nomade die sprossende, verdorrende und neuergrünende Pflanze jeder Art versteht, welches er also, in dem Sinne von خَلَف „der Nachwuchs", von חלף ableitet, spielt in der Theologie des Sceniten eine wichtige Rolle und sein gröfster Schwur, die *Lawíje* (die umstrickende Verpflichtung), lautet: حَفّ ما النعود والرَبّ المعبود „bei der Wahrheit dieses Halmes und dem angebeteten Gotte schwöre ich, - -.".

'Αραβος ist حَرْب, was, gleich seinem Gegensatze سِلْم, häufig als Eigenname vorkommt. Noch jetzt wohnen *Beni Harb*, ein ziemlich starker Stamm, zwischen der *Legd* und dem *Séqal*. Weniger nahe liegt es, 'Αραβος mit dem selteneren Namen أَعْرَب zusammen zu stellen.

'Αρδος ماردٍ „der Widerstehende", vgl. Αἰηδος. Von der Wurzel مرد findet sich als Eigenname häufiger das Diminutivum مُرَيْد. Die *Bent 'Oréd* waren ein Zweig der *Qudá'a*. Ein wilder steiniger Districkt zwischen *Kendkir* in *Gédúr* und dem Berge *Subbet Fir'ón* heißt ظَفَر مُرَيْد, entweder von seiner Formation (مَرَد = مَضْبَ) oder von jenem Stamme. Vielleicht stand auch ΑΒΔΟC für ΑΡΔΟC, denn عَبْد aus *Abdalláh* verkürzt war ein sehr gewöhnlicher Name; jetzt nicht mehr, wohl aber schreibt man für عبدالله gewöhnlich عَبْدُه „sein (sc. Gottes) Knecht".

'Αρχιδος ist bei der Unzuverlässigkeit der Inschrift 27 sehr verdächtig. Es könnte nur فَعِيل mit *Elif prosth.* seyn, aber رَكِيد (=صابر, ثابت) „ausdauernd im Kampf" wird schwerlich als Eigenname gefunden.

'Ασμος عُصْم (wie Μάλχος für مالك) „Beschützer"; auch عِصْم ist zu vergleichen.

'Ασμαθος عِصْمَة „Schutz", und concret „Schutzmittel", als Männername nicht selten. Ein *Chazragid* dieses Namens kämpfte bei *Bedr*.

'Ασουάδανες أَسْوَد „schwarz" ein häufiger Männername; dabei ist aves als griech. Bildungssylbe genommen, da das Wort aber in der Inschrift 140 einem Eigennamen (Σέρος) nachgestellt ist, so kann es auch mit أَسْوَدَانِ in der Bedeutung „zum Stamme (zur Familie) *Aswad* gehörig" gleich seyn. Das Wort أَسْوَدانِي selber aber in der Bedeutung „schwärzlich" (was es wie أَحْمَرانِي „röthlich", أَشْهَرانِي „bräunlich" u. a. gegenwärtig wirklich heißt) als Eigennamen zu nehmen, würde der Analogie entbehren.

'Ασούμανες عَصُوم „beschirmt (von Gott)". Schwerlich eine Form wie خَيْشَمَانِ.

'Ατέσατος ist in der Inschr. 37 völlig gesichert, muß also seinen entsprechenden arab. Eigennamen haben. Blau (p. 444) schlägt مَتْنَضَ in der Bedeutung „Morgenröthe" vor, indem er auf Grund weiterer Combinationen darunter einen عبد العلصة im Sinne von عبد الشارى versteht. Wer nicht soweit folgen will, kann bei der Bedeutung „Morgenroth" stehen bleiben, denn صَبَاح, مُصْبِح und مُصَبِّح sind Eigennamen. Auch mochte das Wort, wie

Blau meint, wirklich ein ursprünglicher Frauenname seyn. Ein solcher wird zuweilen, wie dies noch heutzutage vorkommt, ein Stammname und damit zum Männernamen; doch wird die Annahme solcher Fälle zur Erklärung der weiblichen Männernamen durch die Natur des Final-ﺍ, welches bekanntlich von der Femininalendung unserer Sprachen wesentlich verschieden ist, in der Regel unnöthig gemacht. Das gesuchte Wort könnte auch مُثَّاسَ (das kurze ﺍ ist auch in ᾽Αϑᾶϑος unberücksichtigt geblieben) heißen, da nach *Nes'wân* غِثَّاس = شَدِيد „den Starken" bedeutet; desgleichen مَاثِثَ, was — da nach *Nes'wán* ﺿ خاطِس „begegnende Gazellen" sind — wahrscheinlich: الظَّبِيَة الَّى تَطِيح بها bedeuten, also ein schöner Eigenname seyn würde; denn laut des Sprüchwortes أُطِيح بالغزال وأُمِس بالذِنب ist die Begegnung der Gazelle am Morgen ein *bonum omen* für den Tag. So würde ein in der Frühe geborener Knabe benannt worden seyn.

Αὔϑος عَوِض „der Ersatz (für den Gestorbenen)" noch jetzt neben مَوِض (᾽Awaḍ gesprochen) die Benennung der meisten Knaben, welche nach dem Tode des Bruders oder Vaters geboren werden.

Αὔμος (auch bei Porter II, 37) ist von Blau (p. 147) mit عَوِم, dem Simplex zum Dimin. عَوَيم (Wüstenf. Reg. p.370), verglichen. Es könnte auch غَوَام seyn; ein غَوَام بن علبة kommt in der *Ḥamdsa* vor und Andere in Wüstenf. Regist. p. 99.

Αὔσος أَوِس „die Gabe (Gottes)", Eigenname wie زَبِد, عَطَاء und غَنِيَة.

᾽Αχρυσαμόν erinnert zunächst an יְהִי צֶבִי, einen Zunamen, der, wie bei den Arabern oft, den Eigennamen verdrängt hätte. Auch in der Bibel finden sich Beispiele, wenn man diese auch von denjenigen Wörtern genau zu unterscheiden hat, in denen צֶבִי, wie צֶא und בֹ, eine übertragene Bedeutung hat und zur Bildung von Eigennamen verwendet wird, wie חַיִם צֶבַי „die Liebliche"; zu der Endsilbe ließe sich dabei Σααμών für نَعْمَان vergleichen. Aber wir haben gewiß den rein arabischen Eigennamen خُشَام mit *El. prosth.* vor uns, der von أَخْشَم „dicknasig" den Löwen und trop. den Helden bedeutet.

᾽Αχχος مَكَ, nach *Ibn Doreid* Eigenname bei den Asdiden, zu denen auch die hauranischen Gassaniden von Haus aus gehörten. Das Wort ist wohl zusammengez. aus مَكَك und dieses ist = مَكِيك „der Dränger, Bezwinger".

'Αχμᾶς haben wir (Reiseb. p. 73) mit dem in der Inschrift (4) unmittelbar folgenden Worte Βέζδου in dem Sinne von أَخُو بُرٍّ zusammengestellt. Im Griechischen konnte man dergleichen Zunamen mit gleichem Rechte getrennt wiedergeben, wie hier, oder zu einem Worte vereinigen, wie dies vielleicht in 'Αὗεύριος geschehen ist.

Βάγρατες بُـجْـرٍ; über dieses Wort vergleiche oben 'Αβγαρος.

Βαγαη.. ist wegen Wegfalls des 3ten Radicals unbestimmbar, doch s. Οὐάβηλος.

Βαδίβαυλος. Da sich bei der Zuverlässigkeit der Inschrift am Worte nichts ändern läfst, so kann man أَبُو دَبُل „Unheilbringer (über die Feinde)" vergleichen. Zwar bieten die Inschriften keine Analogien für Abkürzungen wie بو und لو, aber die Länge des Wortes konnte sie neben der Wahrscheinlichkeit, dafs sie schon damals in der lebenden Sprache gäng und gäbe gewesen, veranlassen. Der Umstand, dafs das Elif als erster Radical fast unhörbar wird und gerne wegfällt, sobald es vocallos wird, ist in der Natur dieses Lautes begründet und viele Erscheinungen in der alten Grammatik, z. B. كُز „بُكز" für بُزّ, erklären sich nur dadurch. Daher sind Bildungen wie דָּרֶם (2 Chron. 22, 5) für אֲדֹרָם gewifs eben so correct, wie heutigentags قَلِ „meine Verwandten" für أَهْلِـي, خُو „die Brüderschaft" für أَخَوِيَّة, خَيِّي und بَنِّي charitativ „mein Bruder, mein Vater" für אָחִי und אָבִי. Wo daher (nicht blos bei den maurischen Stämmen, die diese Ausdrucksweise gewifs aus der ersten Zeit des Islam haben, sondern auch) in der syrischen Steppe das Wort *Abú* den Stammnamen bilden hilft, verliert es regelmäfsig sein Elif; so haben wir bei *Hims* Stämme wie *Elbú-lél, Elbú-kámil*, am Euphrat (im *Zór*): *Elbú-haqqár, Elbú-chabúr*, im *Merg*: *Elbú-mudlig*, in der Trachonitis: *Elbú-haije* u. s. w.

Βάδαρος بَدْرٍ „Vollmond", Eigenname wie هِلَال „Neumond"; doch ist Letzterer häufiger, weil der *Hilál* zunimmt, dagegen der *Bedr* abnehmen mufs.

Βάχος بَخٍ. Bei *Bosrd* ist aus der Zeit der Inschriften ein ذَبِيرُ اللّٰه, das vielleicht Einem dieses Namens seinen Ursprung verdankt.

Βάμος ist unarabisch und seine Emendation wegen Fehlerhaftigkeit der Inschrift mifslich.

Βάραθος lies *Barraθos* (das zweite *r* mag ursprünglich oder durch Beschädigung der vierten Zeile der Inschrift fehlen) بَرٍّ, Männer- und Frauenname. Des

N 2

Wortes ursprüngliche Bedeutung ist nach *Nes'wan* „das natürliche Arom einer Sache", z. B. der Moschusgeruch der Gazellen, der Duft der Rosen. Bάρσχος hat gewiß mit dem hebr. בָּרֵךְ „segenbringend" nichts zu thun, sondern ist der Eigenn. بَرِد der wie بَرِد (die Vorderseite einer Sache: die Brust, die Deichsel am Pflug u. s. w.) den مُقَدَّم Vorkämpfer, Ordner bedeutet.

Βάρβαρος, بَرْبَر „der Schreier (im Kampfe)", so heißt der Löwe bei den Dichtern *barbâr*. Gegenwärtig bedeuten die Wörter بَرْبَر, بَرْبِر und بَرْبُور den Schwätzer und alle drei sind Damascener Familiennamen.

Βαυλάνης بَوْلان häufig, vgl. *Qâmûs* und Wüst. Regist. p. 109; nach *Ibu Doreîd* (p. 237) tödtete ein gewisser مَعْنَر vom Stamme der *Benî Bauldn* einen König der Gefniden, der sie überfallen hatte.

Βελίαβος verdorben, vielleicht aus Βελίαϑος بَلِيد „die Plage (der Feinde)" = بَلُو, wovon das Dimin. بَلَى „die kleine Plage" an einen hauranischen *Quḍâ'iden*-Stamm erinnert, auch sonst als Eigenname häufig ist.

Βένις, Βεννάϑη. Das zweite ist بَنَّة, Frauenname, über seine Bedeutung vgl. Βάναϑες. Das erste ist wohl auch بَنَّة mit unterdrücktem s und *Tes'dîd*.

Βέρρος بَرّ „der Mildthätige" und بَرِّ; häufig nebst dem Femin. بَرَّة. Auch بَرِّي „in der Steppe geboren" ist häufig und konnte Βέρρες geschrieben werden.

Βίαρος بِيَر „Brunnen (der Freigebigkeit)". Ein بَيِّر kommt in den Gedichten des *Úrwa ibn el-Ward* herausg. v. Theod. Nöldeke p. 81 vor. Mit a würde dabei das *Ḥamz* wiedergegeben seyn. Vielleicht ist es auch der plur. بِيَار. Der Gebrauch der Collectivformen für Eigenn. ist im heutigen Hauran gebräuchlich; so stellte mir der Scheich der Ortschaft *Charabâ* seine vier Söhne vor als *Dîb* (Wolf), *Duwéjib* (Wölfchen), *Diâb* (Wölfe) und *Dîbûn* (Rudel Wölfe). Der Scheich von *Nawâ* heißt *Medjeb* (nach der Form *Mekred, Medrez, Metrek* eine Bande Kurden, Drusen, Türken) „ein Haufen Wölfe". Man liebt Namen mit Collectivbedeutung, weil sich die Eltern in dem neugebornen Kinde gerne den Stammvater eines Volkes denken und es die Phantasie mehr beschäftigt, wenn es, auch nur von einem Zelte gesagt, heißt: dort sind die Niederlassungen der Löwen (مَنازل السِّباع), Raben, Wölfe, als des Löwen u. s. w. Auch im Alten Testamente kommen Plurale, wie שָׁמַיִם, עֲרָם und Collectiva, wie שָׂיח

(die „Geier", vom unit. נשׁר) als Eigennamen vor, die zum Theil ebenso erklärt werden müssen.

Βόρδος بَرْد. Die Bedeutung unsicher; vielleicht ist es plur. von أَبْرَد „der gefleckte (Panther)" im Sinne des häuf. Eigenn. أَنْمَار „Panther", vom sing. نَمِر.

Βόρη بَرَاء = بَرَاء „rein, integer" von Männern und Frauen gesagt. Oder es ist بُرَّ (mit unterdrücktem ة und Tes'díd), ein Wort das neben بُرَيَّة und كَرْمَا „das Gastmahl" bedeutet, und in der Steppe, wie in Hauran, mit den beiden letzten zusammen Frauenname ist.

Βαρκαῖος بَرْق „Blitz". Die Wiedergabe des kurzen *a* durch *o* wurde durch die Natur der drei Radicale des Wortes bedingt. Entsprechender dem Griechischen scheint aber بُرَيْق; einen *Barqá íbn el-Hínu* erwähnt Wüstenfeld, Regist. der geneal. Tab. p. 107.

Γαβ.ηκ, vielleicht Γαβίνης غَابِن oder غَبِين = عابس „der Finsterblickende".

Γάβαρος جَبْر „der Starke, Gewaltthätige". Bis jetzt allgewöhnlich.

Γάδδος جَدّ (für جَدَد) „strenuus". Vgl. *Ibn Doreid* p. 274.

Γαδούος جَدْو *gadú* „die Gabe" = عَطَاء und أَوْس.

Γαδράϑη جَدَرَة (ohne Art.), als Männer- und Frauenname. So hieß die Mutter des *Qotaj íbn Kiláb.*

Γαλεσος جَلِيس „der Feste, Starke" Dimin. von جَلْس „hart" vom Boden gesagt. Auch جَلِيس und جَائِس eigneten sich bezüglich ihrer Form und Anwendung als Eigennamen herbeigezogen zu werden.

Γάσονος vielleicht غَبُون = غَبُوس „finsterblickend", aber wahrsch. corrumpirt, da die Inschriften den Buchst. ﻭ in arab. Namen nicht zu kennen scheinen.

Γάσρος verschrieben, wie es scheint, aus Γάσρες غَزّ. So heißt ein Zweig der *Nasriden Beni Garr*, vgl. *Ibn Doreid* p. 288. Bei den Steppendichtern bedeutet غَزّ (mit *Kesr*) die Gazelle.

Γαῦρος ist خَوْر = جَبْر; aber es ist sicherlich Ταῦρος ثَوْر „Stier" zu lesen, was ein häufiger Eigenname ist.

Γαῦτος غَوْث „der Beistand" neben غُوَيْث, مُغِيث und عَبْد يَغُوث häufig.

Γάφαλος جَفَّل „der Gewaltthätige"; doch siehe Τάφαλος.

Γεδαραν.. ist der Form nach جَيْذَرَان „der Magere"; dieses aber scheint als

Eigenname nicht vorzukommen, und darum ist جَذَر (s. Γαδραθη) herbeizuziehen, dessen ة wie in Τεβίνη unterdrückt wäre.

Γένεος جَنْم von جنم „der Flügel" trop. „die Hilfe"; Eigenname neben جَنَاح.
Auch غَنِي „der sich Genügende" ist vergleichbar; davon sind das *Femin.*
غُنَيَّة und das *Simplex* غَنِي Namen; *Beni Ghani* gab es in *Higáz* und anderwärts. Vergl. *Qdmús* und Wüstenfeld's geneal. Regist. p. 170.

Γίχ ist vielleicht غَنِي (nach der Form حُبَّى) oder غَر (فَعَل) „selbstgefällig".
Davon sind das *Dimin.* غُوَيّ und غُوَيْت neben غَوِيّ, غُوَيْت, غَيَّان und غُبَّانَة
Eigennamen. Die Eigenschaft der غَيّ (bei den Frauen) und des غُوَى (bei
den Männern), welche im gemeinen Leben gewöhnlich خَوْنَة النَّفْس und خَوْنَة
الجَال heifst, spielt in der Psychologie des Semiten eine wichtige Rolle, da
sie bei ihm die Mutter grofser Tugenden und Laster ist. Ihr gegenüber
stellten die positiven Religionen die Lehre von dem Islám, oder „der De-
muth vor Gott" auf, der natürlich غَرَا (רַהֵה) geradezu mit ضَلّ, كَفَر und יָבֵשׁ
identisch ist. Aber in der Steppe wuchert die „Selbstbewunderung" in
urwüchsiger Fülle: أَبُوغِيَّة ist die schmeichelhafteste Benennung eines Mädchens, الغَاوِى ist der Held und zum حَبَل الغَوِى für das Grab des gefallenen
Kriegers schneiden die Jungfrauen ihre schönsten Zöpfe ab.

Γερμανός ist wohl *Germanus*, wenn auch von der Wz. جرم Eigennamen gebildet werden.

Γόμεος جَمْم, جُمَم und جَمُوع sind Eigennamen. Ein Theil des Haurán-Ge-
birgs, der an den „District der Schlösser" (*Ard el-qusúr*) grenzt, heifst
der Rücken von جَمْم, und ist vielleicht so benannt von dem Schlosse, das
einem Manne dieses Namens damals gehörte, wo das Gebirge bewohnt
war, d. h. zur Zeit der Entstehung unserer Inschriften.

Δαβανος ist sicher das häufige لَبِيْن.

Δαῦδος vielleicht دَبَد, wozu der hauranische لبد بن قبولَة erwähnt werden kann;
auch könnte es دَاوُد (דִּוד) seyn. Näher als beide läge نَعَد, wenn dieses
nicht ausschliesslich Frauenname wäre.

Δαν..ωλος ist aufser seiner Lücke noch verschrieben; denn es würde eine Wz.
dnl geben, die bei der Unverträglichkeit der Laute *n* und *l* in den semitischen Sprachen unmöglich ist.

Δάαυς kann aus Δόαυβος نُوَيْب „Wölfchen", was in alter und neuer Zeit häufig, verschrieben seyn, einfacher aber und darum wahrscheinlicher ist die von Blau (pag. 444) gegebene Emendation in Δόαυς نُوَيْ, was das Dimin von لَبُأ „die Standarte" und ein häufiger Eigenname ist.

Δουτάριος نُذ, شَرِ, als Name eines Mannes. Die Inschrift (86) stammt aus Boςrd, wo bekanntlich der Cultus des Dusāres einheimisch war, vergl. Reisebericht pag. 112 f.; Carl Ritter, Geogr. v. Syr. u. Pal. II, 2, p. 968 ff.); aber in so später Zeit — die Inschr. ist vom J. 539 — wo dort längst jede Spur von Heidenthum verwischt war, hat dieser Name keine nähere Beziehung mehr, wenn man auch von seinem Vorkommen gerade in Boςrd Notiz zu nehmen hat.

'Εμμιγάνη und (gen.) 'Εμμιγάνου. An der ersten Form ist nicht zu rütteln. Die Tempelinschrift (200) ist so deutlich, als wäre sie von gestern und die Porter'sche Abschrift (II, 202) bietet eine gute Controlle. Nur in der zweiten Form hat Porter irrig 'Εμμόπλου für 'Εμμιγrεν. Das γ ist sicher und ich glaube das ganze Wort, denn ich habe die Inschrift nach der Copie noch einmal verglichen, da aber die vierte Zeile außerordentlich gedrängt ist und die Buchstaben sehr klein sind, so könnte wohl, wie Kirchhoff vervollständigt hat, Ν für Ν stehen, obschon sonst die Ligaturen fehlen. Vielleicht aber hat es auch der Graveur aus Versehen, oder um Raum zu gewinnen weggelassen. — 'Εμμιγάνη für einen Frauennamen zu halten, hindert sowohl der Inhalt der Inschrift als auch der Genitiv 'Εμμιγάνου. Das Wort ist also ein Masculin, nur nöthigt uns seine Feminal-Endung, ihm einen arabischen Namen zu substituiren, der gleichfalls weibliche Endung hat. Dieser ist wie ich glaube حَجَانَة, dem die griech. Transscription das beduinische Elif prosth. vorsetzte und dessen ι sie, wie in 'ΟτιΒ́ιες u. A., unterdrückte. Nach der allgemeinen sprachlichen Regel ist zwar die Aussprache māhāgdne (מְהָגְדֵ), da aber der Ton nach dem d hineilt, so kann sich der Halbvocal des m nicht halten und es entsteht m'hāgdne, was in Haurān und bei allen Stämmen nothwendigerweise emhāgáne oder, da das Elif prosth. den Vorton bekommt, wie émmhāgáne lautet. Aus gleichem Grunde muß מְחַבֵּב „der Geliebte", רַחוּ „die Mohublüte" émmhabáb und éddhanún lauten. Dieses Elif prosth. ist so prononcirt, daß ich in meinem Reisebericht (p. 78) immer

اِمْنَان statt *Mutân* (מְתָן) schrieb, und Burckhardt (Übers. v. Gesenius p. 426 u. ö.) immer *Omm-keis* statt *Mukeis*. Diese sprachliche Erscheinung läßt sich hier nur andeuten, nicht erörtern; die Lexica der semitischen Idiome sind voll von solchen Bildungen, zu denen natürlich auch grammatische Formen wie اِفْعَل (*imperat.*), اِنْفَعَل, اِفْتَعَل und اِسْتَفْعَل gehören, und daß sie unsern Inschriften nicht fremd sind, zeigen uns Worte wie Ἀμμλχος und Ἀγραίνα. — Um auf مِحْبَانَهُ zurückzukommen, so kennt es der *Qâmûs* nicht, aber er hat مِحْبَنَّ (was Freitag in seinem Lex. vermissen läßt) und حُجَنُّ in der Bedeutung „Krummstock", und *Nes'wân* fügt hinzu, daß es der *Sôlagân* (der heutige *Gôkaldn*) sei, womit im Kugelspiel die hölzerne oder steinerne Kugel gewaltsam geschlagen und vorwärts getrieben wird. *Mihgan* ist daher (tropisch „einer, der den Feind schlagend vor sich hertreibt") ein sehr beliebter Eigenname und man findet ihn als solchen in *Qâmûs*, *Ibn Doreid*, in Wüstenfeld's geneal. Tabellen und anderwärts. Desgleichen bilden sich von dem *verb. denomin.* حَجَنَ („mit dem *Gôkaldn* vor sich hertreiben") andere Eigennamen wie اَحْجَن, حَجَّن, حُجَيْن, حُجَيْنَة u. A. — Das Wort مِحْبَانَهُ (nicht حُجَيْن oder حُجَيْنَة) spielt in der Trachonitis eine wichtige Rolle, denn in Gestalt eines kurzen dünnen ungeschälten Stabes vom bittern Mandelbaume, mit schiefstehender, einem kleinen Weberschiffchen nicht unähnlichen Handhabe ist es eine geheimnißvolle Zauberwaffe gegen die gefährlichen Angriffe der Tochter *Berrî's* und ihrer Helden, und kein Muselmann, Nomade oder Druse Haurans wird sich leicht ohne die *Mihgâne* in die Nähe der namentlich im *A'wag*-Thale und in *Gêdâr* häufigen Gräber wagen, in denen jene Helden, auch *Aulâd el-a'gâm* „fremde Gottesmänner" genannt, leicht erweckbar schlummern. Die Sage von *Berrî's* Tochter (بِنْت بَرّى), Herrin der Stämme *Berrî* und *No'êm*, und von ihren Kämpfen, spielt in Hauran eine große Rolle, ist vorislamisch und scheint eine Allegorie auf den Untergang, nicht des Christenthums, sondern des hauranischen Heidenthums zu seyn. Das Christenthum kennt die *Mihgâne* nicht, dagegen hat sich derselben als eines Zauberstabes schon Muhammed bedient (vgl. *Ibn Doreid* p. 123) und nach *Nes'wân* war اَبُو الْمِحْجَن „Träger der *Mihgâne*" eine häufige كَنِيَّة مِن كَنَى الرِجَال. Kam sie mit jenen jemanischen Stämmen nach Mekka und Haurân? Spielte sie vielleicht, da wir unter dem Personal eines einzigen Tempels drei Männer dieses Namens finden, im hauranischen Heidenthume eine Rolle?

Εμρατος عَمْرَان.

Ενος entweder = Ἰνος, oder عَيْن nach Blau (p. 445); dieser vergleicht قَبْنِيل (Wüstenf. gen. Tab. p. 14) „Gottes Auge"; vielleicht eher „Gottes (d. h. von Gott gespendeter) Quell"; auch das als Eigenname häufige Dimin. عُيَيْنَة bedeutet nur den Quell, vgl. Βάρος. Jetzt häufige Namen sind *Munéhil* „Tränkort" und '*Odéjid*, eine secundäre Bildung von مُذْبَد = مَذ, was bei den 'Anez̄e-Stämmen der fast ausschliefsliche Name für Brunnen. Im '*Antar* heifst ein Gassanide *Ghadir* „Teich" (= غَدير الجُود).

'Εταλάμανος so viel als Σαλαμάινης.

'Εχιρος gesichert in Inschr. 7b. غَكَر eigentl. „getrübt" von Wasser und Himmel gesagt, daher „düster, finster" = عَبُوس und mit seinem Dimin. غُكَيْر ein häufiger Eigenname neben عَالِم, غَكَّار und مَعْكَر.

Ζαβάνος زَبَان „Beschützer", häufig neben زَبَّان und زُبَيْنَة (s. 'Αζαβάνη), wozu noch das jetzt häufige زُبَن = فَدل اُزْبَن zu zählen.

Ζάβδος زَبَد „Geschenk" (Gen. 30, 20) = زَبَدالله „Gottesgabe", vgl. die biblischen Namen זְבַדִי, זַבְדִּיאֵל, זְבַדְיָהוּ u. a.

Ζάγος غِلَز „die blaue efsbare syrische Dohle". Ein Dorf تَفْير الزُبْقَان liegt in der Nuqra. Alle Namen der Vögel, die sich Nahrung suchend um den Zeltlagern aufhalten sind heutigentags häufige Eigennamen, wie زُرْزُر „der bunte syr. Staar", عَصْفُور „der Sperling", سُنَيْنَوْة „die Schwalbe" u. a.

Ζόβαιδος, Ζόβιδος زُبَيْد „(Gottes-)Gabe", Dimin. von زُبْد. S. Ζάβδος.

Θαῖμος, Θίμος تَيْم „Knecht (Gottes)" = تَيْم الله s. Θίμαλλος.

Θάμος ist entweder = Θαῖμος oder تَوْم „der Zwillingsbruder".

Θαμάρη تَمْرَة „die Schlauke". Man könnte dabei an den bibl. Eigennamen תָּמָר „Palme" denken, aber diese Bedeutung hatte das Arabische jener Zeit nicht mehr, und تَمْر „die getrocknete Dattel" mochte wohl als Frauenname selten seyn. Eher könnte man تَمَرَة „Baumfrucht", von dessen

Collectiv das Dimin. نُمَيْر „Früchtchen" als Eigenname gebräuchlich ist, herbeizichen.

Θεβώνης طَبْيَان „der Liebliche oder Fehlerlose" von طَبْيب (wie خَيْرَان v. خَيْر),
wovon der Frauenname طُبَيْنَة. Die Form فَعْلان (זיבת), schon im Alten
Testamente bei Eigennamen häufig, wird noch jetzt dafür mit besonderer
Vorliebe verwendet, vgl. oben p. 336.

Θίμαλλες الَّه تَيْم = الَّه عَبْد, oft verkürzt in تَيْم (Θαῖμος). Von einem Fürsten
der bauranischen Sabäer, der zwischen Ḥaṣbajd und Nabaṭije heimisch
war, hat nach historischen Zeugnissen der Wâdî Têm-allâh, von den
Reisenden Wâdî Teim genannt, seinen Namen.

Θομαίχη خُمَيْخَة „die Stolze" mit unterdrücktem t. Qâmûs spricht wenig von
der Wz. خمخ, mehr Neswân, was beweist, dafs sie eher dem südarabischen Idiome angehört. Sie ist verwandt mit طمح „übermüthig seyn",
was gerne von männerbassenden Frauen gesagt wird, und da es möglich,
dafs unsere Inschriften zuweilen ح durch χ wiedergeben, wie die Byzantiner
(vgl. Ioh. Porphyrog. de them. ed. Bekker p. 90 u.ö.), so liegt auch
طُمَيْح, Dimin. von طَمُوح, sehr nahe. So heifst es in einem bauranischen
Marschliede: يا قُبَّةً يا راعِى الفُعُود يَلَى علِيه المِعْنَفَد
يا ما خَلَا حِبَّ الطَمُوحِ بين الخِنَاك واِنْتَخْنَفَد

Höre, du Reiterin des Kamelfüllens mit dem troddelreichen Mantelsack!
Es ist süfs, das stolze Weib zu küssen zwischen Kinn und Hals!

Ἰάββες, siehe Ῥάββες.

Ἴδαμος viell. فَيْذَام „irruens", poet. Ausdruck für das Schwert und Eigenname
neben فَيْذَم, فِذام, مِبْذَم, فُذْنَم u. a. Auch von der Wz. فَذّ (= فَدّ)
werden Männernamen, wie فَدِم u. a., gebildet.

Ἴδος bei Porter (II, 50) ist von Blau (p. 449) wohl richtig mit عَدِى zusammengestellt.

Ἴνος عَنُو (spr. hinû) = عَنَّلَة „die Gabe", scheint bei den Gassaniden häufig
gewesen zu seyn (Ibn Doreid p. 286 note m). Doch könnte das Wort
auch عين oder هِين (= عَاوِن, مُعَاوِن) „Helfer" seyn. Die antike, später
durch نَعِيل verdrängte Form نَعِل scheint bei den Südarabern besonders

heimisch gewesen zu seyn, vgl. Freitag s. v. كيم (= مُكايِم) „conjunctus"
wie جلس, قتل u. s. für محاكس und (مقاتل).

Καισλάθος wurde von Blau (p. 415) mit dem Namen نَوفَل (= صاحب نَوء)
„stark" zusammengestellt, von dem es entweder das Dimin. نُوَيْفِلَة ist,
oder auch نوفلة eine Femininalform, welche in Männernamen die Bedeutung
verstärkt, wie عَنْتَرَة, خُبَيْذَرَ für عَنْتَر, خَيْذَر.

Καισμος قَحَم = πρόμαχος nach heutigem und gewiss auch antikem Sprach-
gebrauche; eigentlich: der sich in die مَقْحَمَة (Lebensgefahr) stürzt.
Heutige Synonyma sind قَحِيم und قَحْمَان: sie fehlen in Qâmûs.

Καμάτανος. Von der Wz. قسّ sagt Nes'wân, dass sie bei den (jemanischen)
Christen taufen bedeute; hiernach könnte qamsân der „Täufling" seyn,
ein Name, der zur Zeit der Entstehung des Christenthums in Hauran nicht
unmöglich wäre. Von der Wz. قمش sagt derselbe Lexikograph, dass
قمش und قَمَّشَ „mit Gier zusammenraffen" bedeute, wornach قميش und
قَمْشَان = نَهَّاب wäre.

Καπούρος ist verdorben, s. Γαπούρος.

Κάρος قَرْع neben قَرْعَة und قَرْعَة, vielleicht auch قَرْح neben قَرْيْح (vgl. Meidani
Prov. ed. Freitag I, 82), قَرِيح u. a.

Κασίσσος, Κασσίσος قِسِّيس, Intens. von قَسّ „Hirte", dann trop. „Führer des
Volks" (vgl. Κέσισος), endlich wie unser pastor „Pfarrer". Die letztere
Bed. wird das Wort hier nicht haben im Sinne von: مِن بَنَت الغَسِيس, so
dass Qassis nicht der Vater des Genannten, sondern geradezu der Familien-
name wäre, obschon es in Syrien (wo bekanntlich das Caelibat niemals
existirt hat) eine Menge solcher Familiennamen giebt, wie „bêt es'-semm-
más" (Familie des Diakonus), „bêt el-mutrân" (Fam. des Metropolitan),
die zum Theil seit Jahrhunderten Muselmänner sind, wie das zahlreiche
Geschlecht „bêt el-chûrî" (Fam. des Oberpfarrers) in 'Ain el-Tine auf
dem Antilibanon.

Κόσμος قَحَيْم als Dim. des Eigennamens قَحَم, vgl. Qâmûs u. s. Καιάμος. Minder
wahrscheinlich قُوَيْم von قَوْم. Das Wort قَوْم bedeutet im Arabischen nicht
Volk im Sinne von populus, sondern des hebräischen קָם (Hiob 24, 17)
= مُقَاوِم وانزَجَل, der mit Jemandem oder gegen ihn aufbricht. In Haurân

Blau meint, wirklich ein ursprünglicher Frauenname seyn. Ein solcher wird zuweilen, wie dies noch heutzutage vorkommt, ein Stammname und damit zum Männernamen; doch wird die Annahme solcher Fälle zur Erklärung der weiblichen Männernamen durch die Natur des Final-ı, welches bekanntlich von der Femininalendung unserer Sprachen wesentlich verschieden ist, in der Regel unnöthig gemacht. Das gesuchte Wort könnte auch مُثَلّاتَة (das kurze u ist auch in ᾽Aϐaϐıç unberücksichtigt geblieben) heißen, da nach *Neswân* مُثَلّاس = شَدِيد „den Starken" bedeutet; desgleichen عَـبْـنَـة, was — da nach *Neswân* ظَبْىٌ حَاطِبٌ „begegnende Gazellen" sind — wahrscheinlich: الظَّبْيَة الَّتِى نَصْبِح بِهَا bedeuten, also ein schöner Eigenname seyn würde; denn laut des Sprüchwortes أَصْبِح بِالغِزَال وأَمْسِ بِالذِّئْب ist die Begegnung der Gazelle am Morgen ein *bonum omen* für den Tag. So würde ein in der Frühe geborener Knabe benannt worden seyn.

Aῦϑoç عَوَض „der Ersatz (für den Gestorbenen)" noch jetzt neben عِوَض (᾽*Awaḍ* gesprochen) die Benennung der meisten Knaben, welche nach dem Tode des Bruders oder Vaters geboren werden.

Aῦμoç (auch bei Porter II, 37) ist von Blau (p. 147) mit عَوْم, dem Simplex zum Diminn. عُوَيْم (Wüstenf. Reg. p. 370), verglichen. Es könnte auch عَوَام seyn; ein عَوَام بن عَبِيدَة kommt in der *Ḥamâsa* vor und Andere in Wüstenf. Regist. p. 99.

Aῦσσç أَوْسِ „die Gabe (Gottes)", Eigenname wie زَيْد, عَطَاءُ und عَبَيْنَة.

᾽Aχουσαμίς erinnert zunächst an אֲחִישַׁדַּי, einen Zunamen, der, wie bei den Arabern oft, den Eigennamen verdrängt hätte. Auch in der Bibel finden sich Beispiele, wenn man diese auch von denjenigen Wörtern genau zu unterscheiden hat, in denen אֲחִי, wie עַם und בֵּן, eine übertragene Bedeutung hat und zur Bildung von Eigennamen verwendet wird, wie אֲחִי נָעַם „die Liebliche"; zu der Endsilbe liefse sich dabei Nααμώς für نُعْمَان vergleichen. Aber wir haben gewifs den rein arabischen Eigennamen خُضَام mit *El. prosth.* vor uns, der von أَخْضَم „dicknäsig" den Löwen und trop. den Helden bedeutet.

᾽Aχχεç عَكَك, nach *Ibn Doreid* Eigenname bei den Asdiden, zu denen auch die hauranischen Gassaniden von Haus aus gehörten. Das Wort ist wohl zusammengez. aus عَكَك und dieses ist = عَكِيك „der Dränger, Bezwinger".

Ἀχμᾶος haben wir (Reiseb. p. 73) mit dem in der Inschrift (4) unmittelbar
folgenden Worte Βέχδου in dem Sinne von أُخُو بَرّ zusammengestellt. Im
Griechischen konnte man dergleichen Zunamen mit gleichem Rechte getrennt wiedergeben, wie hier, oder zu einem Worte vereinigen, wie dies
vielleicht in Ἀβεάριος geschehen ist.

Βάγρατες بَحْرة; über dieses Wort vergleiche oben Ἀβγαρος.

Βαγαη.. ist wegen Wegfalls des 3ten Radicals unbestimmbar, doch s. Οὐάβηλος.

Βαλίβαλος. Da sich bei der Zuverlässigkeit der Inschrift am Worte nichts
ändern läfst, so kann man أبُو ذُبَل „Unheilbringer (über die Feinde)" vergleichen. Zwar bieten die Inschriften keine Analogien für Abkürzungen
wie بو und لو, aber die Länge des Wortes konnte sie neben der Wahrscheinlichkeit, dafs sie schon damals in der lebenden Sprache gäng und
gäbe gewesen, veranlassen. Der Umstand, dafs das Elif als erster Radical
fast unhörbar wird und gerne wegfallt, sobald es vocallos wird, ist in der
Natur dieses Lautes begründet und viele Erscheinungen in der alten
Grammatik, z. B. لو „ils" für أِل, erklären sich nur dadurch. Daher sind
Bildungen wie בדי (2 Chron. 22, 5) für אביה gewifs eben so correct, wie
heutigentags فلي „meine Verwandten" für אֶחְיָה, خُوّ „die Brüderschaft" für
אַחְוָה, خِيّ und بيّ charitativ „mein Bruder, mein Vater" für אָחִיף und
אֶף. Wo daher (nicht blos bei den maurischen Stämmen, die diese
Ausdrucksweise gewifs aus der ersten Zeit des Islam haben, sondern auch)
in der syrischen Steppe das Wort *Abu* den Stammnamen bilden hilft,
verliert es regelmäfsig sein Elif; so haben wir bei *Hims* Stämme wie
· *Elbá-lél, Elbú-kámil,* am Euphrat (im *Zór*): *Elbú-haqqdr, Elbú-chabír,*
im *Merg: Elbá-mudlig,* in der Trachonitis: *Elbú-haije* u. s. w.

Βάδαρος بَدْر „Vollmond", Eigenname wie خِلَة „Neumond"; doch ist Letzterer
häufiger, weil der *Hilál* zunimmt, dagegen der *Bedr* abnehmen mufs.

Βάκος زَب. Bei *Bosrá* ist aus der Zeit der Inschriften ein ذِبُّ البَاجِل, das vielleicht Einem dieses Namens seinen Ursprung verdankt.

Βάμος ist unarabisch und seine Emendation wegen Fehlerhaftigkeit der Inschrift mifslich.

Βάναθος lies Βάναθος (das zweite ν mag ursprünglich oder durch Beschädigung
der vierten Zeile der Inschrift fehlen) بَنَت, Männer- und Frauenname. Des

N 2

Wortes ursprüngliche Bedeutung ist nach *Nes'wan* „das natürliche Arom einer Sache", z. B. der Moschusgeruch der Gazellen, der Duft der Rosen. Βάραχος hat gewiß mit dem hebr. ברד „segenbringend" nichts zu thun, sondern ist der Eigenn. برد der wie برز (die Vorderseite einer Sache: die Brust, die Deichsel am Pflug u. s. w.) den مَبْرَم Vorkämpfer, Ordner bedeutet.

Βάρβαρος, برّاب „der Schreier (im Kampfe)", so heißt der Löwe bei den Dichtern *barbár*. Gegenwärtig bedeuten die Wörter بَرْبَر, بَرْبَر und بَرْبور den Schwätzer und alle drei sind Damascener Familiennamen.

Βαυλάνης بَوْلان häufig, vgl. *Qámús* und Wüst. Regist. p. 109; nach *Ibu Doreid* (p. 237) tödtete ein gewisser مَعْتَر vom Stamme der *Beni Bauldn* einen König der Gesniden, der sie überfallen hatte.

Βελίαβος verdorben, vielleicht aus Βελίαθος بَلِيَّة „die Plage (der Feinde)" = بلّو, wovon das Dimin. بُلَيّ „die kleine Plage" an einen hauranischen *Quddá'iden*-Stamm erinnert, auch sonst als Eigenname häufig ist.

Βίνις, Βιννάθη. Das zweite ist بِنّة, Frauenname, über seine Bedeutung vgl. Βάναθος. Das erste ist wohl auch بِنّ mit unterdrücktem s und *Tes'díd.*

Βέρρος بَرّ „der Mildthätige" und بَرّ; häufig nebst dem Femin. بَرّة. Auch بَرّى „in der Steppe geboren" ist häufig und konnte Βέρρος geschrieben werden.

Βίαρος بِيَر „Brunnen (der Freigebigkeit)". Ein بِيَر kommt in den Gedichten des *'Úrwa ibn el-Ward* herausg. v. Theod. Nöldeke p. 81 vor. Mit a würde dabei das *Hamz* wiedergegeben seyn. Vielleicht ist es auch der plur. بِيَار. Der Gebrauch der Collectivformen für Eigenn. ist im heutigen Hauran gebräuchlich; so stellte mir der Scheich der Ortschaft *Charabd* seine vier Söhne vor als *Dib* (Wolf), *Duwéjib* (Wölfchen), *Didb* (Wölfe) und *Dibbán* (Rudel Wölfe). Der Scheich von *Nawd* heißt *Medjeb* (nach der Form *Mekred, Medrez, Metrek* eine Bande Kurden, Drusen, Türken) „ein Haufen Wölfe". Man liebt Namen mit Collectivbedeutung, weil sich die Eltern in dem neugebornen Kinde gerne den Stammvater eines Volkes denken und es die Phantasie mehr beschäftigt, wenn es, auch nur von einem Zelte gesagt, heißt: dort sind die Niederlassungen der Löwen (منازل السِّباع), Raben, Wölfe, als des Löwen u. s. w. Auch im Alten Testamente kommen Plurale, wie עברים, עברם und Collectiva, wie שרד

(die „Geier", vom unit. נשרים) als Eigennamen vor, die zum Theil ebenso erklärt werden müssen.

Βόρᵈκ ﺑَﺮّ. Die Bedeutung unsicher; vielleicht ist es plur. von ﺍَﺑْﺮَﺩ „der gefleckte (Panther)" im Sinne des häuf. Eigenn. ﺍَﻧْﻤَﺎﺭ „Panther", vom sing. ﻧَﻤِﺮ.

Βόρη ﺑَﺮَﺍﺀ = ﺑَﺮّ „rein, integer" von Männern und Frauen gesagt. Oder es ist ﺑَﺮّ (mit unterdrücktem ﻭ und Tesdíd), ein Wort das neben ﺑَﺮِﻳﺮ und ﻛَﺮْﻣَﺔ „das Gastmahl" bedeutet, und in der Steppe, wie in Hauran, mit den beiden letzten zusammen Frauenname ist.

Βαρκαῖος ﺑَﺮْﻕ „Blitz". Die Wiedergabe des kurzen a durch o wurde durch die Natur der drei Radicale des Wortes bedingt. Entsprechender dem Griechischen scheint aber ﺑَﺮْﻕ; einen Barqd ibn el-Hinu erwähnt Wüstenfeld, Regist. der geneal. Tab. p. 107.

Γαβ.ηκ, vielleicht Γαβίνης ﻏَﺎﺑِﻦ oder ﻏَﺒِﻴﻦ = ﻋَﺎﺑِﺲ „der Finsterblickende".

Γάβαρος ﺟَﺒْﺮ „der Starke, Gewaltthätige". Bis jetzt allgewöhnlich.

Γάδδος ﺟَﺪّ (für ﺟَﺪِﺩ) „strenuus". Vgl. Ibn Doreid p. 274.

Γαδῖνος ﺟَﺪْﺭ gadú „die Gabe" = ﻋَﻄَﺎﺀ und ﺍَﻭْﺱ.

Γαδασϑη ﺟَﺬْﺭ، (ohne Art.), als Männer- und Frauenname. So hiefs die Mutter des Qoʂaj ibn Kildb.

Γάλισσος ﺟَﻠِﻴﺲ „der Feste, Starke" Dimin. von ﺟَﻠْﺲ „hart" vom Boden gesagt. Auch ﺟَﻠِﻴﺲ und ﺟَﺎﻟِﺲ eignen sich bezüglich ihrer Form und Anwendung als Eigennamen herbeigezogen zu werden.

Γάπσυνος vielleicht ﻏَﺒِﻦ = ﻏَﺒُﻮﺱ „finsterblickend", aber wahrsch. corrumpirt, da die Inschriften den Buchst. π in arab. Namen nicht zu kennen scheinen.

Γάσρος verschrieben, wie es scheint, aus Γάρρος ﻏَﺮّ. So heifst ein Zweig der Naʂriden Beni Garr, vgl. Ibn Doreid p. 283. Bei den Steppendichtern bedeutet ﻏَﺮّ (mit Kesr) die Gazelle.

Γαῦρος ist ﺟَﻮّﺭ = ﺟَﺒْﺮ; aber es ist sicherlich Ταῦρος ﺛَﻮّﺭ „Stier" zu lesen, was ein häufiger Eigenname ist.

Γαῦτος ﻏَﻮْﺙ „der Beistand" neben ﻏُﻮَﻳْﺚ, ﻣُﻐِﻴﺚ und ﻋَﺒْﺪ ﻳَﻐُﻮﺙ häufig.

Γάφαλος ﺟَﺤْﻔَﻞ „der Gewaltthätige"; doch siehe Τάφαλος.

Γεδαρας.. ist der Form nach ﺟَﻴْﺪَﺭَﺍﻥ „der Magere"; dieses aber scheint als

Eigenname nicht vorzukommen, und darum ist خَذَبْر (s. Γαδράϫ̣η) herbeizuziehen, dessen ٮ wie in Τοβίᾳ unterdrückt wäre.

Γῆνος جَنْم von جِنْم „der Flügel" trop. „die Hilfe"; Eigenname neben جَنَاح.
Auch غَنَى „der sich Genügende" ist vergleichbar; davon sind das *Femin.*
غُنَيَّة und das *Simplex* غِنَى Namen; *Beni Ghani* gab es in *Higáz* und anderwärts. Vergl. *Qámús* und Wüstenfeld's geneal. Regist. p. 170.

Γῆος ist vielleicht غَى (nach der Form حَى) oder غَو (نَصَل) „selbstgefällig".
Davon sind das *Dimin.* غُرَى und غُوَيْة neben غُوون, غُوَيْة, غَيَّان und غَيَّانة
Eigennamen. Die Eigenschaft der غَيَّة (bei den Frauen) und des غَوى (bei
den Mannern), welche im gemeinen Leben gewöhnlich شَوْنة النَّفْس und شَوْنة
الحال heifst, spielt in der Psychologie des Semiten eine wichtige Rolle, da
sie bei ihm die Mutter grofser Tugenden und Laster ist. Ihr gegenüber
stellten die positiven Religionen die Lehre von dem Islám, oder „der De-
muth vor Gott" auf, der natürlich غَوَى (רֶגַע) geradezu mit ضَلَّ، كَفَر und רָעַע
identisch ist. Aber in der Steppe wuchert die „Selbstbewunderung" in
urwüchsiger Fülle: أَبُو غِيَّة ist die schmeichelhafteste Benennung eines Mädchens, الغَاوِى ist der Held und zum الغَوى خَبَل für das Grab des gefallenen
Kriegers schneiden die Jungfrauen ihre schönsten Zöpfe ab.

Γερμανός ist wohl *Germanus*, wenn auch von der Wz. جرم Eigennamen gebildet werden.

Γόμος جُمَمْ, جُمَيْع und جَمُوع sind Eigennamen. Ein Theil des Haurán-Ge-
birgs, der an den „District der Schlösser" (*Arḍ el-quṭúr*) greuzt, heifst
der Rücken von جُمَمْ, und ist vielleicht so benannt von dem Schlosse, das
einem Manne dieses Namens damals gehörte, wo das Gebirge bewohnt
war, d. h. zur Zeit der Entstehung unserer Inschriften.

Δάβαρος ist sicher das häufige لبيان.

Δάδος vielleicht دَبَّد, wozu der hauranische لِيّاد بن قبولة erwähnt werden kann;
auch könnte es دَاوُد (דָּוִד) seyn. Näher als beide läge نَعْد, wenn dieses
nicht ausschliesslich Frauenname wäre.

Δαν..ωλος ist aufser seiner Lücke noch verschrieben; denn es würde eine Wz.
dnl geben, die bei der Unverträglichkeit der Laute *n* und *l* in den semitischen Sprachen unmöglich ist.

Δάαυς kann aus Δόαυβες نُزَيب „Wölfchen", was in alter und neuer Zeit häufig, verschrieben seyn, einfacher aber und darum wahrscheinlicher ist die von Blau (pag. 444) gegebene Emendation in Δόαυκ نُزَيق, was das *Dimin* von لُوَل „die Standarte" und ein häufiger Eigenname ist.

Δουτάριος نُزَيق شِر, als Name eines Mannes. Die Inschrift (86) stammt aus *Boṣrá*, wo bekanntlich der Cultus des *Dusáres* einheimisch war, vergl. Reisebericht pag. 112 f.; Carl Ritter, Geogr. v. Syr. u. Pal. II, 2, p. 968 ff.); aber in so später Zeit — die Inschr. ist vom J. 539 — wo dort längst jede Spur von Heidenthum verwischt war, hat dieser Name keine nähere Beziehung mehr, wenn man auch von seinem Vorkommen gerade in *Boṣrá* Notiz zu nehmen hat.

'Εμμγάνη und (gen.) 'Εμμγάνου. An der ersten Form ist nicht zu rütteln. Die Tempelinschrift (200) ist so deutlich, als wäre sie von gestern und die Porter'sche Abschrift (II, 202) bietet eine gute Controlle. Nur in der zweiten Form hat Porter irrig 'Εμμόπλου für 'Εμμέγνου. Das γ ist sicher und ich glaube das ganze Wort, denn ich habe die Inschrift nach der Copie noch einmal verglichen, da aber die vierte Zeile außerordentlich gedrängt ist und die Buchstaben sehr klein sind, so könnte wohl, wie Kirchhoff vervollständigt hat, Ν für N stehen, obschon sonst die Ligaturen fehlen. Vielleicht aber hat es auch der Graveur aus Versehen, oder um Raum zu gewinnen weggelassen. — 'Εμμγάνη für einen Frauennamen zu halten, hindert sowohl der Inhalt der Inschrift als auch der Genitiv 'Εμμγάνου. Das Wort ist also ein Masculin, nur nöthigt uns seine Feminal-Endung, ihm einen arabischen Namen zu substituiren, der gleichfalls weibliche Endung hat. Dieser ist wie ich glaube مُخَانَة, dem die griech. Transcription das beduinische *Elif prosth.* vorsetzte und dessen s sie, wie in 'Οτηβιες u. A., unterdrückte. Nach der allgemeinen sprachlichen Regel ist zwar die Aussprache *mähägáne* (מְחָגָנֶה), da aber der Ton nach dem *d* hineilt, so kann sich der Halbvocal des *m* nicht halten und es entsteht *m'hägáne*, was in Haurán und bei allen Stämmen nothwendigerweise *emhägáne* oder, da das *Elif prosth.* den Vorton bekommt, wie *émmhägáne* lautet. Aus gleichem Grunde muß מְחַבֵּב „der Geliebte", רמון „die Mohnblüte" *émmhabúb* und *éddhanún* lauten. Dieses *Elif prosth.* ist so prononcirt, daß ich in meinem Reisebericht (p. 78) immer

اِمْنَان statt *Muidn* (מטרא) schrieb, und Burckhardt (Übers. v. Gesenius p. 426 u. ö.) immer *Omm-keis* statt *Mukeis*. Diese sprachliche Erscheinung läfst sich hier nur andeuten, nicht erörtern; die Lexica der semitischen Idiome sind voll von solchen Bildungen, zu denen natürlich auch grammatische Formen wie اِفْعَل (*imperat.*), اِنْفَعَل, اِنْتَعَل und اِسْتَفْعَل gehören, und dafs sie unsern Inschriften nicht fremd sind, zeigen uns Worte wie Ἀμαλιχος und Ἀγραίνα. — Um auf خُبَّانَة zurückzukommen, so kennt es der *Qámús* nicht, aber er hat خَبَنَة (was Freitag in seinem Lex. vermissen läfst) und خَبْن in der Bedeutung „Krummstock", und *Neswán* fügt hinzu, dafs es der *Sólagán* (der heutige *Gókalán*) sei, womit im Kugelspiel die hölzerne oder steinerne Kugel gewaltsam geschlagen und vorwärts getrieben wird. *Mihgan* ist daher (tropisch „einer, der den Feind schlagend vor sich hertreibt") ein sehr beliebter Eigenname und man findet ihn als solchen in *Qámús*, *Ibn Doreid*, in Wüstenfeld's geneal. Tabellen und anderwärts. Desgleichen bilden sich von dem *verb. denomin.* خَبَن („mit dem *Gókalán* vor sich hertreiben") andere Eigennamen wie أَخْبَن, خُبَن, خُبَيْن, خُبَيْنَة u. A. — Das Wort خَبَّانَة (nicht خُبَيْن oder خُبَيْنَة) spielt in der Trachonitis eine wichtige Rolle, denn in Gestalt eines kurzen dünnen ungeschälten Stabes vom bittern Mandelbaume, mit schiefstehender, einem kleinen Weberschiffchen nicht unähnlichen Handhabe ist es eine geheimnifsvolle Zauberwaffe gegen die gefährlichen Angriffe der Tochter *Berri's* und ihrer Helden, und kein Muselmann, Nomade oder Druse Haurans wird sich leicht ohne die *Mihgáne* in die Nähe der namentlich im A'wag - Thale und in *Gédúr* häufigen Gräber wagen, in denen jene Helden, auch *Aulid el-a'gám* „fremde Gottesmänner" genannt, leicht erweckbar schlummern. Die Sage von *Berri's* Tochter (بنت برّي), Herrin der Stämme *Berri* und *No'ém*, und von ihren Kämpfen, spielt in Haurán eine grofse Rolle, ist vorislamisch und scheint eine Allegorie auf den Untergang, nicht des Christenthums, sondern des hauranischen Heidenthums zu seyn. Das Christenthum kennt die *Mihgáne* nicht, dagegen hat sich derselben als eines Zauberstabes schon Muhammed bedient (vgl. *Ibn Doreid* p. 125) und nach *Neswán* war ابو خُبَيْن „Träger der *Mihgáne*" eine häufige كنية من كنى الرجال . Kam sie mit jenen jemanischen Stämmen nach Mekka und Haurán? Spielte sie vielleicht, da wir unter dem Personal eines einzigen Tempels drei Männer dieses Namens finden, im hauranischen Heidenthume eine Rolle?

'Εμφανος حِمْرَان.

'Ενος entweder = 'Ινος, oder عين nach Blau (p. 445); dieser vergleicht حَيْنِيل (Wüstenf. gen. Tab. p. 11) „Gottes Auge"; vielleicht eher „Gottes (d. h. von Gott gespendeter) Quell"; auch das als Eigenname häufige Dimin. عُيَيْن bedeutet nur den Quell, vgl. Βιαρος. Jetzt häufige Namen sind *Mundhil* „Tränkort" und *Odéjid*, eine secundäre Bildung von مَذَبِد = عَذِل, was bei den *Aneze*-Stämmen der fast ausschliefsliche Name für Brunnen. Im *Antar* heifst ein Gassanide *Ghadir* „Teich" (= غدير الجود).

'Εταλαμαιος so viel als Σαλαμάντς.

'Εχαρος gesichert in Inscr. 78. كَدَر eigentl. „getrübt" von Wasser und Himmel gesagt, daher „düster, finster" = عَبُوس und mit seinem Dimin. عُكَيْر ein häufiger Eigenname neben حاكر, und مَعْدَر.

Zαβάνος زَبَّان „Beschützer", häufig neben زَبَّان und زُبَيْنَة (s. 'Aζαβάτη), wozu noch das jetzt häufige زَبَن = اهله زَبْن zu zählen.

Zαβδος زَبَد „Geschenk" (Gen. 30, 20) = زبد الله „Gottesgabe", vgl. die biblischen Namen זְבַד־, זְבַדְיָהוּ, אֶלְזָבָד u. a.

Zαγος زَاغ „die blaue efsbare syrische Dohle". Ein Dorf نُقَير النزبِقان liegt in der *Nuqra*. Alle Namen der Vögel, die sich Nahrung suchend um den Zeltlagern aufhalten sind heutigentags häufige Eigennamen, wie زُرزُر „der bunte syr. Staar", عصفور „der Sperling", سُنَينَوة „die Schwalbe" u. a.

Zοβαιδος, Zοβδος زُبَيْد „(Gottes-)Gabe", Dimin. von زَبَد. S. Zαβδος.

Θαιμος, Θιμος تَيْم „Knecht (Gottes)" = تَيْم الله s. Θιμαλλος.

Θιμος ist entweder = Θαιμος oder تِم „der Zwillingsbruder".

Θαμάρη تَمَّر „die Schlanke". Man könnte dabei an den bibl. Eigennamen תָּמָר „Palme" denken, aber diese Bedeutung hatte das Arabische jener Zeit nicht mehr, und تَمَر „die getrocknete Dattel" mochte wohl als Frauenname selten seyn. Eher könnte man تَمَرة „Baumfrucht", von dessen

Collectiv das Dimin. تُمَيْر „Früchtchen" als Eigenname gebräuchlich ist,
herbeiziehen.

Θαιβάνης طَبْيَان „der Liebliche oder Fehlerlose" von ظَبْى (wie خَيْرَان v. خَيْر),
woron der Frauenname ظُبَيْنَة. Die Form فَعْلَان (חֶרְטָ), schon im Alten
Testamente bei Eigennamen häufig, wird noch jetzt dafür mit besonderer
Vorliebe verwendet, vgl. oben p. 336.

Θίμαλλος تَيْم اللّٰه = عبد اللّٰه, oft verkürzt in تَيْم (Θαῖμος). Von einem Fürsten
der bauranischen Sabäer, der zwischen Harbajá und Nabalije heimisch
war, hat nach historischen Zeugnissen der Wádi Tém-alláh, von den
Reisenden Wádi Teim genannt, seinen Namen.

Θαμαίχη شُمَيْخَة „die Stolze" mit unterdrücktem a. Qámús spricht wenig von
der Wz. شمخ, mehr Neswán, was beweist, dafs sie eher dem südarabischen Idiome angehört. Sie ist verwandt mit شمخ „übermüthig seyn",
was gerne von männerhassenden Frauen gesagt wird, und da es möglich,
dafs unsere Inschriften zuweilen ح durch χ wiedergeben, wie die Byzantiner
(vgl. Ioh. Porphyrog. de them. ed. Bekker p.90 u.ö.), so liegt auch
شُمَيْخ, Dimin. von شَمُوخ, sehr nahe. So heifst es in einem bauranischen
Marschliede: يا قَبَّة يا راعى النَّقُود يَبْلى عليه المَعْنَقَد

يا ما حَلا حِبّ الشُّمُوخ بين الخَنَاك والتَّخْنَقَد

Höre, du Reiterin des Kamelfüllens mit dem troddelreichen Mantelsack:
Es ist süfs, das stolze Weib zu küssen zwischen Kinn und Hals!

Ἰάββος, siehe Ῥάββος.

Ἴδαμος viell. قَيْذام „irruens", poet. Ausdruck für das Schwert und Eigenname
neben مِهْذم, خُذَام, خُذَنِم u. a. Auch von der Wz. هَدَم (= قَد)
werden Männernamen, wie قَدم u. a., gebildet.

Ἴδιος bei Porter (II, 50) ist von Blau (p. 449) wohl richtig mit مِدى zusammengestellt.

Ἴνος عَنْو (spr. hinú) = عَطَاء „die Gabe", scheint bei den Gassaniden häufig
gewesen zu seyn (Ibn Doreid p. 286 note m). Doch könnte das Wort
auch حين oder حين (= مُعَاون, مُهَاون) „Helfer" seyn. Die antike, später
durch فَعِيل verdrängte Form فَعْل scheint bei den Südarabern besonders

heimisch gewesen zu seyn, vgl. Freitag s. v. كِيم (= مُكَذِم „conjunctus"
wie جِلْس, قِتْل u. a. für مَجَانِس und (مَقَاتِل).

Καιάκλαϑος wurde von Blau (p. 115) mit dem Namen تَوْفَل (= صاحب ثَوْة)
„stark" zusammengestellt, von dem es entweder das Dimin. ثُوَيْفِلَة ist,
oder auch تَوْفَلَة eine Femininalform, welche in Männernamen die Bedeutung
verstärkt, wie خَبْذَرَة, خَيْذَرَة für عَنْتَر, عَنْتَرَة.

Καίαμος قَتْحَم = προμαχος nach heutigem und gewiss auch antikem Sprach-
gebrauche; eigentlich: der sich in die مَعْحَمَة (Lebensgefahr) stürzt.
Heutige Synonyma sind قَحِيم und قَحْمَان; sie fehlen in Qâmûs.

Καυάτανες. Von der Wz. قمس sagt Nes'wân, dass sie bei den (jemanischen)
Christen taufen bedeute; hiernach könnte qamsîn der „Täufling" seyn,
ein Name, der zur Zeit der Entstehung des Christenthums in Hauran nicht
unmöglich wäre. Von der Wz. قمش sagt derselbe Lexikograph, dass
قَمْش und نَقَمَّش „mit Gier zusammenraffen" bedeute, wornach قامِش und
قَمْشَان = نَهَّاب wäre.

Καπεινος ist verdorben, s. Γαπεινος.

Κύρες قَرْع neben فُرْبُع und قُرْبَعَة, vielleicht auch قَرْح neben قَرْبِح (vgl. Meidani
Prov. ed. Freitag I, 82), قُرْبِح u. a.

Κασίσσος, Κασσίσος قَسِّيس, Intens. von قس „Hirte", dann trop. „Führer des
Volks" (vgl. Κεσισος), endlich wie unser pastor „Pfarrer". Die letztere
Bed. wird das Wort hier nicht haben in Sinne von: مَن بَيْت القَسِّيس, so
dass Qassis nicht der Vater des Genannten, sondern geradezu der Familien-
name wäre, obschon es in Syrien (wo bekanntlich das Caelibat niemals
existirt hat) eine Menge solcher Familiennamen giebt, wie „bêt es-semm-
dâs" (Familie des Diakonus), „bêt el-mufrân" (Fam. des Metropolitan),
die zum Theil seit Jahrhunderten Muselmanner sind, wie das zahlreiche
Geschlecht „bêt el-chûri" (Fam. des Oberpfarrers) in 'Ain el-Tîne auf
dem Antilibanon.

Κόσμος قُتْحَيْم als Dim. des Eigennamens قَتْحَم, vgl. Qâmûs u. s. Καίαμος. Minder
wahrscheinlich قُرْنَيْم von قَرْم. Das Wort قَرْم bedeutet im Arabischen nicht
Volk im Sinne von populus, sondern des hebräischen קום (Hiob 24, 17)
= مُقَاوِم أو انْرَجُل, der mit Jemandem oder gegen ihn aufbricht. In Hauran

und in der Steppe ist *qóm* ausschliefslich der letztere, nemlich „Feind", als Collectivum und von einer Person gebraucht, z. B. أَنَا دِأبَّال قَوْم.

Κόττσος قُتَيْس, Dimin. von قَس im Sinne von πτωχήν λαόν; beides sind Eigenn. In der Bedeutung „Priester" erscheint قَس (nicht قَس) als amphibolische Bildung; denn πρέσβυς würde es nur nach aram. Sprachgeb. bedeuten können. Μαγάρη مَغَرَاءِ Männer- und Frauenname, vgl. *Ibn Doreid* p. 156. 284, von أَمْقَر „rufus". Jetzt findet man in den Zeltlagern den Frauennamen مُغَيْرَة häufig, von مَغَرَة „Mennig", mit dem die Mädchen in der Schlacht die Säumigen oder Fliehenden bestreichen, was für einen grofsen Schimpf gilt. Μάθος, Μάθιος, Μάθιος ماض „das durchdringende Schwert", noch jetzt häufiger Eigenn. Das Wort Μάθος ist aber vielleicht مَعْتَل (= مَعِتْل oder ابو مَعْتَل, was jetzt den Wolf bedeutet), wovon als Eigenn. bei *Qámús* das Dimin. مُعَيْطِل „der Kupfer", d. h. der dem Feinde Abbruch thut. Jetzt ist ماعِط und ماعِط النَّقْزَة, wörtl. „Pelzrupfer", der Verläumder (als Ehrenräuber gedacht). Μάλχος, Μάλχος, Μάλχος (auch zweimal bei Porter II, 50. 56) مالِك „Besitzer". Neunzig Gefahrten Muhammeds hatten diesen Namen. Μάλχος kann auch مَلِيك seyn, s. Ἀμαλχος.

Μαλίχαθος, Μαλίχαθος. Das erste ist مُلَيْكَة das andere مُلَيْكَة; beide sind häufig. Μαλχαῖος, Μαλχαῖον مالِك. Zu den griech. Bildungssylben vgl. Βορκαῖος u. Ἀζιζίαν. Μάνος auch bei Porter (II, 39) مَعَن = مَعِن „kampflustig". So spricht man noch jetzt in Hauran von einem رَجُلٌ أَمْعَنَ فِى العَدُوِّ. Μαραζέχης مَرْزُوق „reich an Glücksgütern"; oder = الله رَزَق „von Gott gespendet". Μαρεάθη مَارِث *Mária*, der gassanidische Name (s. oben pag. 332) für das neutestamentliche Μαριάμ (מִרְיָם). Jetzt in Hauran *Marjam, Marjáma*, und im Dimin. *Marjúma, Marrúm, Marsa* und *Múrés*, in beiden letzteren mit Anspielung an die *Marúsa*, den Olivenzweig, wie in *Nachla*, dem Charit. von *Michá'il*, an die Palme.

Ματάλαυς مُسَلِّم „gottergeben".

Μάταχος, Μάτσχος. Das erste ist مِسْك „Moschus" und das zweite das Dimin. مُسَيْك; von letzterem ist das fem. مُسَيْكَة jetzt häufig und im *'Antar* heifst so die Tochter eines Gassanidenfürsten *Mugír* (مُجِير), welcher unter

dem Gefniden *Hárith el-Wahháb* Gouverneur von Haurán war. Auch
ein Dorf in der *Legд* heifst *Muséka.* Zu der Form Μάταγος für Μίτγος
vergl. Inschr. 141, wo die Einwohner der Stadt *Nimra* Ναυαρήτιοι heifsen.

Μάσσος könnte مَسْ neben مَسِّة (fem.) und مَسِيس seyn, aber sicher ist ΜΑΕΟΟΣ
von مُوسَى „Moses" zu lesen, ein Name, der nicht nur heutigentags
in Hauran allgewöhnlich ist, sondern auch aus den Genealogien in den
Qámus übergegangen ist.

Ματαράνης مَنْثَران „unter Regen geboren", vgl. Ἀυτάρη (was des *Elif prosth.*
wegen das arab. مَثَر mit unterdrücktem ا seyn wird; vgl. Χαάμμεος).

Μεγέθιος ist vielleicht Μεγεθῖος مُغِيث „Helfer" zu lesen. Dabei würde ιος wie
in Σινβαίθιος und wie ιος in Σάυσεος der griech. Umschreibung angehören.

Μίτατος مِشَاش. Über diesen Eigennamen siehe *Qámús* unter مَنْ.

Μόαιρος مُهَيْر von مُهْر „das Füllen", Eigenname neben مُهَرَّ, مُهَيْرَة u. a.

Μοαίρισος مُعَيْرِس Dimin. v. مَقْرِس „Brautwerber". Vgl. oben p. 337. Dergleichen
Benennungen sind nabe gelegt; so ist auch عَرُوس „Braut" ein Eigenname.

Μογίαιρες مُغِيَر „immer auf Raub ausziehend", also = مَقْوَر. Auch kann es „in
der Höble (مَارَة) geboren" oder *part. piel* von غَيَّ seyn, im Sinne von
مُغِيَر الأَخْوَال „welcher die Dinge (den Seinen helfend und dem Feinde scha-
dend) ändert". Solche Participial-Nomina sind noch jetzt häufig: so heifst
der Neffe des *Ibn Dúchi* (Reisebericht p. 147) *Mo'azzi* „der (durch
Erschlagen der Männer) Trauer über die Familien bringt". *Peraca* hat
eine Menge مُغَيَر genannte Ortschaften, die ursprünglich zum Theil wohl
مَغَائِر (Höhlen) geheifsen haben, zum Theil auch nach Urhebern benannt
seyn mögen, die den Namen مُغِيَر hatten.

Μόγιτος مُغِيث s. Γαΰτες.

Μόγνας (u. b. Porter II, 114) مُغْنِى, wie Blau (p. 443) wohl richtig vermuthet.

Μοάανς wohl Μοάθες zu lesen, مُعَيْبَة Dim. v. مُعَاوَبَة „Catulus" von Fuchs und
Hund gesagt; häufig, wie تَعْلَب (Fuchs) und كَلْب (Hund) selber.

Μόκειμος مُقِيم „der Standhafte", oder „der den Feind überlebende".

Μοένος مُعَيْن Dim. von مَعَنْ s. Μάνες; oder es ist مُعِين s. Μείνος.

Μαίνιες مُعِين (von عَوْن) „der Helfer"; gewifs aber ist nach Porter's Copie
(II, 114) der Inschrift 4612 des C. I. G. Μόγνιος zu lesen.

Μεταμωνες kann zwar مُتَمِّن „fett" seyn, neben andern Eigennamen von der
Wz. سمن, aber ανος mag Bildungssilbe seyn (s. Ἀτουάδανος), wo sich dann
der Eigenname مَتَمِّن „der Gottgeschützte" vergleichen liefse. Vgl. Ἄσμος.

Ναάμων نَعَم „der Segen von Gott"; daher نَعَم (und نَعَم) überhaupt das Besitz-
thum (κτῆμα) des Nomaden. Auch kann es نَعَام „Straufs (Coll.)" seyn.
Die griech. Endung zum Worte zu rechnen, um ein aramäisches נעמה zu
statuiren, ist mifslich, obschon das Wort in Ἀqrabá und zwei ähnliche
(Ζαβάνω und Ἀζιζίνν) in Kenákir am östlichen Fufse des Hermón, also
schon innerhalb des Rayous gefunden wurden, in welchem möglicherweise
das Idiom der Gebirgsvölker noch gesprochen wurde.

Νάσιιες نَعِيم ohne Elif prosth., das auch in Μαλίχαθος und (wenn ihm مُلَيْد zu
Grunde liegt) in Μάλχος feblte. Vgl. Ἀνιμες und Ἀμμλχος.

Νάζαλος نَزَل = اللّٰه نَزَل „der gleich einem Gaste (نَزِيل) von Gott her ins Haus
(مَنْزِل) kommeude Segen". Häufig neben seinem Dimin. نُزَيْل.

Νάθμος ist (wenn nicht aus ΝΑΕΜΟϹ verschrieben) نَظْم „ordo", concret: die
Reihe, der Zug (Heuschrecken oder Krieger), oder es ist = مَنْظُوم „das Ge-
fügte, kunstvoll Gebildete", wornach اللّٰه نَظْم, dessen Verkürzung unser
Wort geradezu seyn könnte, = اللّٰه خَلْق wäre. Vgl. Νατάμελος.

Ναέμιες نَعِر (Ibn Doreid p.328) oder نَعِير „der Stöfser mit Schwert und Lanze",
von dem beduinischen نَعَر „zurückstofsen, abstofsen"; مِنْعَار pl. مَنَاعِير sind
bei den ʿAneze die Helden. Die Erklärung bei Ibn Doreid ist, wie häufig,
schief. Über die E. N. نَعِير und نُعَيْر s. Qámús. Zur Endung aus vgl. Μαλχαῖος.

Νάρσες nach Blau (p. 445), نَبَّار „der Tag". Ein Nahár ibn meshúr ist erwähnt
Reiseb. p. 138. Auch den häufigen Eigennamen نَهَر „Flufs" (vgl. Ἔρος)
könnten wir vor uns haben.

Ναστιάθη صِبَّاً, eigentl. das Stirnhaar der Pferde, entsprechend der نَذْل der
Beduinenfrauen, dann tropisch: die Andern Vorstehende, die Edle.

Νάστερες نُصَيْر von نَصْر „der Adler", oder نُعَيْر von نَعَر „der Sieg", alle vier sind
gleich häufige Männernamen.

Νάτλος نَصْل „die Schwertspitze", jetzt in Haurán „die Pflugschar". Weniger
wahrscheinlich ist نَسْل „der Sprofs" (Kind edler Abkunft).

Νατάμαλος. Die Inschrift steht auch bei Porter (II, 59) und Prof. Woolsey
(s. oben p. 328) las *Natanael*, was nicht möglich ist, da ich mir das
auffällige Wort an Ort und Stelle genau angesehen habe. Blau (p. 448)
nimmt es für تَظْميل, und obwohl dabei das s störend ist, da in dergleichen
Compositis die Silbe أيل immer mit ن geschrieben wird, somöchte sich doch
schwer etwas Besseres geben lassen. Einen Νάθμηλος scheint Inschr. 91
am Ende Zeile 4 zu haben. Vgl. Νάθμος.

Νάταρος نَضْر „der grüne Zweig" (נֶצֶר), ein häufiger Eigenname.
Νάταμος so viel wie Νάθμος.

Νόαιρος, Νέαρος نُوَيْر von نُور „Licht". Häufiger ist نُوَيّر und gegenwärtig نُوْران
und منُور „lichtstrahlend". Auch kann es مِنْفار = نُغَر seyn, vgl. Ναίραιος.

Νορφραθης ist, da es eine Wz. *nrr* nicht giebt, in Ορφραθης zu verwandeln,
so dafs N zum Vorhergehenden gehört: حُرَيْبُر von حَرَبُر und حَرّ „der Edelfalke". Vielleicht ist aber ΝΟΥϵΡΑΘΗϹ نُوَيْر zu lesen. Vgl. Νέαιρος.

Νότραος entweder نَضْر (s. Νάταρος), wobei der O-Laut auf Rechnung des ص
käme, oder نُضَيْر, wobei a = ع. Über نَضْر als Männername s. d. Qámús.

Νοχοραθη نُغَرة fem. von نُغَر „unangenehm"; vgl. Zamach. Moqadd. p. ١٨٠ u. ١٨٢.
Frauen- und Männername; als ersterer konnte es mit Zoʿéla (زُعَيْلَة) oben
p. 336 dieselbe Veranlassung haben. Als Männername erhält نُغَر durch
das s eine neutrale oder intensive Bedeutung im Sinne von „gefürchtet
(مُنْغَر) den Feinden".

Οαβθίνου ist Σαβθίνου (*Sabinus*) zu lesen.

Οαίθιλος فُوَيْثِل Dimin. v. فَيْثَل ein poetischer Name des Fuchses und nach
Qámús Männername. Blau (p. 446) nimmt es als Dimin. des Namens
وائِلَة (Wüst. Reg. p. 453). Der heutige Araber würde unbedingt فُوَيْطِل
(Dim. von فَطِل) lesen, denn jedes schwächliche oder fehlerhafte Kind
nennt der Nomade فاطِل „Taugenichts".

Οβαιδος, Οβδος عُبَيْد aus عُبَيْد الله verkürzt, wie عَبْد aus عَبْد الله.

Οβλαθος عُبْلَة Männername neben عَمِيل, عُبَيْل, فُوَبَل u. s. a.

Ὀγιζος = خَجَز = الحاجز بين النوم, also gleichbedeutend mit dem heutigen فَضْل.
Vielleicht ist es auch خُجَيز Dimin. von خُوز.

Ὀδαϑος خَوْذَ „der Qaṭá-Vogel" und Männername nach Qdmûs und Ibn Doreïd
p. 320. Nach Letzterem (p. 200) gehörte ein Hóda zu den Benî Ḥanîfa,
die wohl in der Nähe der Trachonitis wohnten, da sie an der Schlacht am
Brunnen Ubágh die Verbündeten der Gassaniden waren.

Ὀδαίνατος, Ὀδίνιϑος, Ὀδιναϑη أُذَيْنَة Männer- und Frauenname; Dim. von أُذُن
„Ohr", doch mag das Wort hier eine übertragene Bedeutung haben. Das
in Ὀδίνιϑος beweist, wie das zweite o in Ὀϑλοϑος, daſs sich die gr. Umschr.
oft wenig um den Wortbau und die Ausspr. des arab. Namens kümmerte.
Ὀιατος ist nicht gesichert u. wohl in Ὀτατος عُتبان zu verwandeln, s. Ατάσατος.
Ὀλαιμος خُلَيْم s. Αἴαμος od. خُلَيْم v. خَلَم „Feldzeichen" trop. der Held. W. R. p. 351.
Ὀμαιμος (bei Porter II, 53) أُمَيْم (wie اَمَام = النَّقْم) neben أُمَيْنَة (masc. u. f.) u. a.
Ὀμαιναϑης أُمَيْنَة Dim. der Intensivform أَمَنَة „der sichere Mann", d. h. subjectiv
„furchtlos" und objectiv „treu". Beides Eigenn. neben أَمِين, أُمَيْن, مَأْمُون u. a.
Ὀμρης عَمْر „cultor", bekannter Name neben vielen andern von der Wz. عمر
„colere" (z. B. sein Feld bestellen, sein Haus bauen, sein Vermögen
vergröſsern, sein Land vertheidigen, sein Schwert schärfen, seine
Flinte laden, seine Pfeife stopfen, seine Pflichten erfüllen, seine
Rechte wahren, den Krieg nähren, den Frieden pflegen, seiner Religion anhangen, seinen Gott eifrig verehren).

Ὀναιϑος خَنَّذَه (فَعْلَة) „Gabe (Gottes)" Eigenn. nach Ibn Dor. u. Qdmûs; s. Ἴνος.
Ὀναινος, Ὀνεις خُنَيْن, sehr häufig; vgl. Ανουνες.
Ὀραυλες (wenn nicht Ὀραιδος خُرَيْد, vgl. Αρβος, oder Ὀβαιδος zu lesen) أُرَبِّل Dim.
von أُرَبِّل „der Hirsch", oder auch رُؤْبِل Dim. von رَأْل „der junge Straufs"
mit El. prosth. Von einem Stammvater dieses Namens heifst ein Wander-
volk Ruwala (eig. رُوَيْل), dessen Nom. unit. (O)rwéll (رُوَيْلَى) ist.
Ὀρερος (Inschr. 29) خُرَيْر von خُر „der Edelfalke"; oder Dim. von فُر = نُكِر „gefürchtet". Ein aus der Zeit der Inscbriften stammendes Kloster دَيْر قُرِير
in der Nuqra wird nur nach seinem Urheber benannt seyn.
Ὀσαιλες أُصَيْل von أَصِيل „generosus"; einen الغِفاري أَصِيل erwähnt Qdmûs. Oder
حُصَيْل Dim. von حُصُل „herzhaft", Eigenn. neben حُصَل, حَصَل, حُصَيْنَة, حَصَال u. a.

'Oσιβος خُضَب (Dim. von خَضَب = نُوفُود!) „Brennstoff (des Kampfes)", Eigenname neben خَضَب und خَخُب bei *Ibn Doreid* p. 281. 309 und *Qâmûs*.

'Oσιβιœ (Porter II, 56) von Blau (p. 445) passend mit dem Eigenn. أصَيبِعَة
„Finger" zusammengestellt, wobei das و unterdrückt wäre.

'Oτιτος عُنَيْش Dim. von عَطَش „der Dürster (nach Feindesblut)". So hiefs
das Schwerdt des *Abd el-Muṭṭalib* عَنْشَان „der Dürstende". Einer
Menge arab. Eigennamen liegen solche Tropen zu Grunde. So sind Namen
wie *Nes'wân* und *Sekrân* „trunken (von Kampflust)" fortwährend un-
gemein häufig, und ein mir befreundeter Beduine heifst ganz in dem erwähnten Sinne *Skékir* (سُكَيْكِر) von سِكِّير „der Trunkenbold".

'Oτέμιœ عُقَيْبَة viell. eine Art Dimin. des bekannten Namens عُثْبَان „die Viper".

Oὐάβηλœ وَقْبِيل, arabisch ٱلا وَقْب (Oὐαβάλλαθœ biefs der Sohn der Zenobia)
„Gottes Gabe". Wenn es oben (s. 'Aννηλœ) biefs, dafs derartige Composita mit den jemanischen Einwanderern nach *Ḥaurân* gekommen, so ist
damit nicht gesagt, das Wort بل sei auch arabisch, oder gehöre wenigstens
dem Idiome derjenigen Länder Arabiens an, welche man sich als die Sitze
der *Gen* 25 genannten Abrahamiden denkt, nämlich *Petraeas*, des *Ḥigdz*
und *Jemens*; denn lange vor Beginn unserer Zeitrechnung gab es in den
genannten Ländern nur noch Araber, unter denen sich sprachliche oder
sonst culturgeschichtliche Anklänge an einen aramäischen Ursprung gewifs
nicht erhalten hatten. Die arabische Sprache kennt den Gottesnamen *El*
nicht und wenn einige ihrer Philologen sagen, das Wort bedeute in den
Compositis so viel wie *Allâh*, so haben sie diese Weisheit von den Juden; gewöhnlich faseln sie über die Natur dieser Bildungen, die ihnen,
den Muselmännern, durch Namen wie *Gibril, Mikâ'il, 'Ezra'll* u. a. so
geläufig geworden waren, und wenn *Ibn Doreid* (p. 283) sagt, er liebe
es nicht, von solchen Worten zu sprechen, so geschieht das nicht aus re-
ligiöser Prüderie (insofern in solchen Compositis Gott als Anhängsel —
ذَيْل — erscheint), sondern deshalb, weil er jene Faseleien der Gelehrten
nicht wiederkäuen will. Die vernünftigeren Philologen nennen sie Fremdwörter, entweder hebräische oder syrische oder — und damit geben sie
uns einen wichtigen Fingerzeig — negranische. Auch *Ibn Doreid* p. 98
sagt zu der Form *Sardḥil*, sie sei nach seinem Dafürhalten syrisch oder

negranisch. Daſs die in *Haurân* Eingewanderten aus der Gegend von *Ne-grân*, einer Metropole des nordöstlichen Sabäerlandes, stammten, wird wohl durch die von ihnen in der *Legâ* erbauten Stadt *Negrân* und durch das gleichnamige Kloster bei *Boſrâ* bezeugt: waren also Namen wie *Sa-râhîl* negranische, so wäre ihr Vorkommen in Haurân wohl erklärlich, es fragt sich dabei nur, wie sie solche seyn oder genannt seyn konnten? Die Nachricht der Historiker (vgl. auch *Iâqût el-Hamawî* geogr. Lex. unter d. Art. *Negrân*), daſs die christliche Religion durch einen Jünger Jesu nach *Negrân* gebracht und von dort aus über Jemen verbreitet worden sei, kann für eine Thatsache gelten; der Jünger wird aber nur darum nach *Negrân* gekommen seyn, weil es dort eine zahlreiche Judengemeinde gab, in welcher er Hoffnung hatte, mit seiner Messiaslehre verstanden zu werden; denn, wie wohl alle christlichen Urgemeinden, wird auch die in *Negrân* durch Pro-selyten aus dem Judenthume gebildet worden seyn. Die politische Macht, zu welcher später die Juden in Jemen und namentlich in der Gegend von Negrân gelangten, läſst auf eine starke jüdische Bevölkerung und diese wie-derum mit Sicherheit auf eine sehr frühe Einwanderung dieses Volkes schlie-ſsen. Die jüdische Auswanderung nach Jemen mag, parallel mit der nach Aegypten (vgl. Zach. 10, 10. Jer. 2, 18 u. ö.), vielleicht schon in den vor-letztenStadien des nationalen Elendes im zweiten Jahrhunderte vor Jeru-salems Zerstörung durch die Chaldäer begonnen und bis zum Eintritte des Christenthums fortgedauert haben. So gering nun auch unsere Kenntniſs von der Geschichte Jemens zwischen Jesu und Muhammed ist, so wissen wir doch, daſs damals ein groſser Theil des Landes, bestimmt aber *Negrân* mit seiner Umgegend von Juden und Christen bewohnt war, die sich häufig anfeindeten — ich erinnere nur an die Grausamkeiten des Judenkönigs *Jo-seph Dû Nuwâs* — und dadurch eine fremde Occupation über das Land brachten. Damit wäre aber das Vorkommen hebräischer Eigennamen in Jemen und ihre Bezeichnung „negranisch" genügend erklärt. Es bleibt nur die Frage, wie man das Wort *El* zuweilen mit einem rein arabischen Namen zu einerZwitterbildung verbinden konnte? Die Jemaner Juden und Juden-genossen haben natürlich nur die Landessprache geredet und ihre Eigen-namen waren wohl in der Regel arabische, aber sie hatten gewiſs auch he-bräische, deren fremdartigen Zuschnitt sie dann wohl etwas modelten, wie wir dies in Namen wie جُمَوِيل für *Samuêl*, خَيْل f. חֲיִיל(?), ولَه wohl f. יְרִיָה

(2 Kön. 22, 1 u. ö.) sehen. Analog nennt sich auch der Damascener
Schlömó Sellm, der *Mardochai Murád*, der *Ics'ú'd* (Josua) *S'úḥa* „Geier"
u. s. w.; und das Wörtchen *El* namentlich anlangend, welches, wenn
Alláh dem localen heidnischen Cultus angehörte, vielleicht der specifisch
jüdische Gottesname in Jemen war, so konnte es نَبِيّ auch arabischen
Namen angehängt werden, wo diese von hebräischen blos dialectisch verschieden waren. Wie יֶלֶד (2 Sam. 6, 23) zu יֶלֶד, so stellt sich *Wahbil* und
Waddil zu יֶהְבִּיאֵל u. יִרְאֵל und diese konnten, wie *Ausil, Qismil, S'ardhil,
Sihmil* und *Sikmil*, geradezu althebr. Eigenn. seyn, wenn sie, ja selbst
einige ihrer Wurzeln, im Bibeltexte auch vermisst werden. Als nun die
grofsen Wanderungen nach Syrien stattfanden, werden sich auch viele Juden angeschlossen haben: wenigstens hatten diejenigen Gassaniden, welche
sich in Petraea niederliefsen, nämlich die *Bení Déján*, das mosaische
Bekenntnifs und ihre Fürsten ('*Ádid, S'oréḥ, Samó'al, S'a'ja*) waren nach
Ibn Sa'íd aus dem Geschlechte Arons. Dafs aber dergleichen Namen
auf die Christen übergingen, wird um so weniger auffallen dürfen, als sich
unter jenen Stämmen das Christenthum grofsentheils aus dem Judenthume
recrutirt haben wird. So viel über die negranischen Eigenn. unserer Inschriften. Sie gewinnen an Interesse, je zahlreicher sie uns durch neue
bauran. und jeman. (himjaridische) Inschriften geliefert werden. Jetzt tastet
man noch etwas unsicher an Worten wie شرحبيل u. عبدمائيل (*Ibn Dor.* p. 283).

Denkt man sich das vorletzte als شرح بيبل (gleichsam انفخ = اللّه) بزرئيל)
so könnte Βαδίβαλος (falls nicht Βαδάραιλος بذريל zu lesen ist) بذع بيبل
„geschaffen von Gott" (בריﬤ 1 Chron. 8, 21) also = בריﬤ (Zeits. d. D. M.
G. X p. 59 Zeile 3) seyn. So denkt man bei Βαγαη[λος] des Verzeich-
nisses an بَقَبِيل „erbeten von Gott" gleichsam שאלתיﬤ (= سَوْتِهُ اللّه). Die
Form شوى' ابل (Z. d. D. M. G. XV p. 411) fällt weg, da die Qanawater
Inschrift nicht nach Porter (II, 114) Σααλλος, sondern nach meiner Copie
'Οσαέλες liest, dessen Anklang an שאولﬤ (2 Sam. 2, 18) wohl zufällig ist.
Dagegen ist für Αἰρηλος vielleicht 'Ατρηλος ﬤירﬤ (vgl. 'Αθαρος) zu lesen.

Οὐαόδηλος زبيل = زبد اللّه „Liebling Gottes" (יהדﬤ 2 Sam. 12, 25), vgl. Οὐαύβηλος.
Οὐαλος رمل „der Steinbock" oder رمل „der Felsenhorst".
Οὐαρος, Οὐαρδιανός, Οὐαθρος sind Fremdwörter; das erste vielleicht Οὐαβος وقص.

P 2

364

Οὐννατάϑη خُتَيْنَة, Dimin. von خُنّ „Henna".

Οὖρος حُور. Beni Húr waren ein Zweig der Ṭajiden, Ibn Doreid p. 228.

'Ράββος verkürzt aus 'Ράββηλος, wie شِكْم und أوْس aus شُكَيْل und أوْسَيْل.

'Ράββηλος (von רבב wie 'Ανηλος von הם) im Sinne von רָבִּיאֵל „durch Gott zu Gröfse und Macht kommend" vulgär: مُرَبَّى الله. Vgl. Οὐάβηλος.

'Ράβηλος רָבְדֵאל (von רבד wie דָּנִיאֵל v.דין) „grofsgezogen durch Gott" gleichsam: مَرْبِيّ الله. Oder es ist רָבִּידֵאל wie das hebr. רְבַדְיָה 1 Chron. 24, 21.

'Ράιτος رَيْش, Ibn Dor. p. 218, oder رَيْس und رُوَيْس. Alle drei gewöhnlich.

'Ρίζος verdorben, viell. aus 'Ρίτος أُرَيْط, s. Nöldeke Urwa ibn el-Ward p.53.

'Ριφάϑης رِفاڤَة, ein zwischen Christus und Muhammed sehr häufiger Eigenname.

'Ρέμισε رِمْح oder vielleicht eher sein Dimin. رُمَيْح „Lanze".

Σύββαος صَباح „der Morgen", s. 'Ατάσατος. Auch صُبح „das reisende Thier" spec. „der Löwe" ist mit den Dimin. صُبَيْح und صُبَيْعَة Eigenname.

Σαγίατος ist unter Verwandlung des C in Θ mit dem vorhergehenden Βέφη zusammen viell. Βέφητα Γὐέϑυ بَرْشَاء بنت غَبَّاث؛ بَرْشَاء eig. die üppige Weide, dann „die Üppiggebaute". Dieselbe Übertrag. bei dem häuf. Frauenn. بُثَيْنَة.

Σάδδι, Σάδδαϑος beide wahrscheinlich شَدّ „Stärke", das erste mit unterdrücktem ة. Es braucht nicht bemerkt zu werden, dafs die Femin.-Endung solcher Verbalnomina von Haus aus keine sexuale Bestimmung enthält.

Σαββεος hat auf der Inschrift wohl seine erste Silbe ʼΟ oder Οὐ verloren, vgl. 'Οχίβιος. Ist Σαββεος richtig, so wird es der EN. صُبَيْة (im Sinne v. شُبّان) seyn.

Σαιος شَبّ, welches aus شَبّ الله „Diener Gottes" = عبد الله abgekürzt ist.

Σάιδος سَعَد, doch siehe Σέαιδος; daher mag es vielmehr سَعِيد „glücklich" seyn.

Σαλωμάττς (auch Porter II, 50) سَلِّمُن „Heil von physischen und moralischen Fehlern".

Σάλμος سَلْم, Gegensatz von حَرْب, oder سَالِم (vgl. Μάλχος f. مَلِك).

Σαμμάϑος, Σαμαΐη, Σαμίαϑος. Das erste ist سَمَّة, gleich seinem gramm. masc. سَمّ ein häufiger Eigenn., die zwei andern سَمِيَّة; doch mag das mittlere سُمَيّة „die Erhabne" seyn. Im 'Antar heifst Sumaija die Frau des Emir Seddád.

Σάμεϑος سُمَيْط mit dem Simplex سِمْط häufig, vgl. Qâmûs u. Ibn Dor. p.218.

Σάμσιος, Σάμσος شُمْس Das W. braucht nicht aus شَمْس عَبْد verkürzt zu seyn.

Σάναμος مَنْم „der Held (heros)". Diese Bedeutung des Wortes ist sicherlich
alt. So nennt man auch jetzt die Helden eines Stammes اَسْنَام العَشِيرَة.

Σάνδος سَعُود „fortunatus", gewöhnlicher Name. Jetzt dafür meistens اَبُو سَعُود.
Σαράηλος (a. Ούάβηλος) شَرَاحِيل; شَرَاح u. شَرْج ist wohl = الفَرْج u. الرُحْب; s. Σόρος.
Σαρύμαθος ضَرِيبَة. Über seine Bedeutung s. Ibn Doreid p. 99.

Σαρῖνος lies Σαρῦμος ضَرِيم „schneidend" wie صَارِم und ماضى vom Schwert gesagt.
Σάσσος شاس; Ibn Dor. p. 344. Im Antar erwähnt: شلس بن الملك زُفَير العَبْسى.
Σαυάδανος wohl aus Άσσυάδανος verdorben; viell. auch سَوَاد, Ibn Dor. p. 344.
Σαύσιος سُوَيَّة „justus" mit unterdrücktem و, sehr häufig; s. Qdmûs. s. سوى.
Σίθρος سِثْر „Schutz", entweder = مَسْتُور اللّه, oder = سِتْر اَقْلَه.
Σίχμος شِكْم „die Gabe" = اللّه شِكْم. Bei Ibn Dor. p. 87 شُكْم (spätere Aussp.).
Σόαιδος, Σόιδος سُعَيْد „Glück"; steht oft für اللّه سُعَيْد = اللّه سَعْد.
Σόβιος سُبَيْع oder سُبَيْع; beide sind häufig, vgl. Σάβαος.
Σοβαλάθη سُبْلَة „der Regengufs", Frauenn. als Bild des Segens, vgl. Άυτάρη.
Σόλσος صُلَيْب oder صُلْح, beide neben مَاتِنج häufig. Ein bauran. Christ in Qréja
nannte mir seine vier Söhne Sáliḥ, Soweḷiḥ, Moṣliḥ und Moṣḷiḥ.
Σόλεμος, Σολεμάθη, Σόλ[ε]υμος سُلَيْم, Dim. von سَلم; das mittlere سُلَيْمَة.
Σέναιος سُنَى, Dim. v. سَنا (auch Eigenn.) „Glanz", oder سُنَيْع; s. Σόναρχος.
Σόναρχος سُنَيْع von سَنَى „bonum omen", s. Οΰτος. Über χ für ج s. Θομαίχη.
Σονομίθη سَنَمَة „Göttin", aber wohl nicht als Palladium der Familie (s. Σάνα-
μος) gedacht, sondern als „die Schöne, Verehrte". So bedeutet auch das
Wort دميـة (Götzenbild) bei den heutigen Steppendichtern „die Schöne".
Σόρος شُرْح (in شُرَحْبِيل = شيح جَبَا) neben شَرْج, شُرَيْج und شَرَاج; s. Σαράηλος.
Σοράνιος شُرْخَان (wie خُلْقَان und عُمْرَان) „Freibeuter"; weniger شُورَان und شُوران,
Wüst. Reg. p. 433. Ibn Dorrid p. 256.

Σουβαίθος سُبَيْط; so (nicht سَبِيط) hiefs nach Ibn Saʿid der Quḍaʿid, dessen
Ermordung durch den Gassaniden جذع den Krieg zwischen beiden Völkern
veranlasste, welcher mit der Unterjochung der Quḍaʿiden endigte.
Σουσάλος شُوّال Monats- und Eigenname wie Rregeb, Ramaddn und Saʿbán.

Ταββάϑη lies Ταυβάϑη مُحَيْبَة (weniger مَحَيْبَة) „die Liebliche"; s. Θιβάνηϛ.

Τάβος ضاب; entweder أبو ضَيْب = أبو ضَيْب, oder *praeteritum* nach dem Ausrufe bei der Geburt: طاب انْوَلد „es ist fehlerfrei!"

Τάλεμος ظالِم „gewaltthätig"; vielleicht richtiger كَلِيم „Strausbahn", ein häufiger Männername.

Τανάηλος تَنائِيل gleichsam חֲנִיאֵל (= יְחִנִיאֵל 1 Chron. 26, 2) „Gottesgabe" oder تَنَاء الله, wie der Nomade, der die Wz. مطا nicht hat, sagen würde. Auch تَنائِيل „Ehregott" könnte der Name möglicherweise lauten.

Τάρουϑος تَرُود „propellens hostem" neben طَراد und طَرِيد. *Ibn Doreid* p. 318. Wüstenf. Reg. p. 446.

Ταυρῖνος, Ταυρεῖνος entweder Fremdwort oder ثَوْر „Stier", was sehr häufig.

Τάφαλος نفْل „Kind", wovon das Dim. نُفَيْل; weniger ضَيْف الله, vgl. Θίμαλλος. Bei der Lesart Γάφαλος wäre noch غَفْل oder غَفْلَة (Wüst. Register p. 433) neben غُفَيْل, غُفَيْلَة u. a. zu vergleichen.

Τίζαλος verdorben, vielleicht aus Γίζαλος جَزْل. Der *Gisl* ist eine Pflanze des cultivirten Bodens, dessen starke, holzige Wurzel neben der *Gelle* (جَلَّة) das hauptsächlichste Brennmaterial in der Hauranebene ist. Von der Wz. جزل finden sich die Eigennamen جَزْل, جَزْلَة u. a.

Τοβιάϑη, Τοβεία طُبَيْبَة Dim. von طَبْيَة „Gazelle". In Τοβεία ist das s nicht wiedergegeben.

Χαάμμος, Χαάμμος halte ich für das jemanische كَحْمَة mit dem bauranischen (beduinisch-hebräischen) *Dages' euphonicum*. Das Wort (von كحم, verwandt mit كحل und nur dialectisch verschieden von كَحِم „verkohlt und schwarz seyn", vgl. أَسْوَد كاحِم und (اللَّيَالِ انْفَحْم) bedeutet das Auge, und daher wohl (wie عَيْن) tropisch den Edeln, Vornehmen. Das *Dag. euphon.* anlangend, so tritt es im Dialecte Haurâns und der Steppe nach fester Regel immer da ein, wo die Formen فَعْل, فِعِل, فِعْل, فُعْل und فَعْل mit Einschluss der Saegolatformen فَعْل, فِعْل und فُعْل *mediae gutturalis* (die mit den vorigen die gleiche lautliche Geltung haben) ein Affix erhalten, z. B. فرسى *ferassi* (mein Pferd), جبلّة *gibilla* (ein Gebirg), قبل *ǫballi* (vor mir), بدوى *bʼduwwî* (ein Nomade), رفقا, *rʼfuqqâ* (plur. Gefährten) und in *sacgolatis*: صخرة *ṣʼcharra* (ein Felsblock), ضحكة *dʼḥikka* (ein Gelächter), مهرة *mʼhurra* (weibl. Füllen). Nach dem recipirten Schema der semitischen Wortbildung wird diese Verdopplung zwar nur für eine scheinbare gelten können, wenn sie sich aber so bemerkbar macht, dafs ich z. B. in meinem Reiseberichte (p. 45. 48) *Hibikke* und *Sihikke* für حَبَكَة und شَبَكَة geschrieben habe, dafs die arab. Philologen zahlreiche Formen, namentlich in der geographischen Nomenclatur (wie *Siribbe* für ضربة ein Gebirge in Petraea), verkannt haben, dafs die masoretische Punctation des Bibeltextes in jener Masse von Worten wie גְּבִישׁ, קְהִלָּה, קְהַל diese Verdopplung geradezu als correcte sprachliche Form anerkannt hat, so darf sie in unsern Inschriften um so weniger auffallen, als diese gewifs von Leuten herrühren, die die arab. Eigennamen nur nach dem Gehöre wiedergaben; dieses aber unterscheidet die Verdopplung sehr bestimmt. Es versteht sich, dafs solche Worte wegen des Schwa's ihres ersten Radicals gern ein *Elif prosth.* annehmen, z. B. أُخْجُرَا, أُشْبِلَا, أُضْرُمَا (ein Baum, eine Ähre, ein Feuerbrand), und daher liefsen sich Namen wie Ἀβσύερις, Ἀβζχερος und Ἀμτάρη auch auf Formen wie جرة, بكر und مطرو zurückführen.

Xαῖλος خيل „die Standarte" s. Ὀλαμος und Δόαιες. Freytag stellt diese Bedeutung irrig unter خَال. Viell. auch كاهل od. نُبَيْل „der starke Mann".

Xαίρανος خَيْرَان *Ibn Dor.* p. 250, entweder im Sinne von سَعْدَان „beglückt", oder von خَيِّر „freigebig". Auch kann es خَيْر = ابو خَيْر seyn; vgl. Ἀτουάδανος.

Xάμνος الكامن „der im Hinterhalte (تمين) liegende"; vgl. Blau p. 445.

Xαμιάτη الكامية d. h. حالها السانئة also: المَسْتُورَة von تَخْفَى = تَسْتُر; vgl. ᵃᵈθρος.

Xείλων, Xίλων. Das erste ist nicht verschieden von Xαῖλος; das zweite kann ein griech. Wort, oder auch كَهِل, das Simplex von نُبَيْل كَهِل (s. Xαῖλος) seyn.

S. 308 S. 11 wohl ⲔⲰⲘⲎⲤ ⲈⲎⲀⲐⲎⲤ (Dorf *Hejât*) zu lesen. S. 340 Z. 15 vor „Löwe" füge أَيْمَت hinzu. S. 347 für Bάμος wohl Θαῖμος zu lesen. S. 351 Z. 8 von unten nach „unterdrückte." füge hinzu: Die griech. Masculinendung scheint, gleich dem α in Ἐμμε-γ[α]νου, wegen Mangel an Raum zu fehlen; analog wäre BAAP (بَدْر) in Inschrift 190.

Verzeichnifs der Fundorte.